Mi hijo tiene déficit de atención

María Rosas

CENGAGE
Learning™

Australia • Brazil • Japan • Korea • Mexico • Singapore • Spain • United Kingdom • United States

Mi hijo tiene déficit de atención
María Rosas

Presidente de Cengage Learning Latinoamérica:
Javier Arellano Gutiérrez

Director editorial Latinoamérica:
José Tomás Pérez Bonilla

Director de producción:
Raúl D. Zendejas Espejel

Editora:
Paola Martín Moreno R.

Editora de producción:
Gloria Luz Olguín Sarmiento

Diseño de portada:
Gerardo Larios García

Imagen de portada:
www.dreamstime.com

Fotógrafo:
Ekaterina Ostanina

Composición tipográfica:
Silvia Plata Garibo
Gerardo Larios García

© D.R. 2009 por Cengage Learning Editores, S.A. de C.V., una compañía de Cengage Learning, Inc.
Corporativo Santa Fe
Av. Santa Fe núm. 505, piso 12
Col. Cruz Manca, Santa Fe
C.P. 05349, México, D.F.
Cengage Learning™ es una marca registrada usada bajo permiso.

Datos para catalogación bibliográfica
Rosas, María
Mi hijo tiene déficit de atención
ISBN-13: 978-970-830-071-1
ISBN-10: 970-830-071-3

Visite nuestro sitio en:
http://latinoamerica.cengage.com

Impreso en Cosegraf; nov. del 2008
Progreso No. 10 Col. Centro
Ixtapaluca Edo. De México

Impreso y hecho en México
1 2 3 4 5 6 7 11 10 09 08

Dedicatoria

*E*ste libro está escrito pensando en Daniel y en todas las noches de desvelo y los días de angustia que vivimos hasta comprender qué sucedía con él.

A él le agradezco no ser perfecto, no haber respondido a mis expectativas, no ser un gran jugador de futbol, ni un niño tranquilo y 'normal'. Le doy las gracias también por haberme obligado, de cierta forma, a enfrentar el déficit de atención, la impulsividad y las maneras de confusión que provocaron. Gracias también por enseñarme a manejar mi frustración, mi mortificación, mi 'cara de verguenza con los profesores'; todo ha valido la pena.

Daniel, gracias por ser de carne y hueso y por enseñarme a amarte de esta manera tan franca y humana.

Contenido

Contenido

Presentación de la colección
Aprender para crecer

*R*ecuerdo con claridad cuando me dispuse a plasmar en papel todo cuanto sabía o creía saber acerca de la formación y educación de los hijos. Los míos, para empezar, como base exploratoria, sin duda constituirían una historia ejemplar. Y por qué no, si palpaba cotidianamente las esencias más puras referentes a los temas que nos conciernen a la mayoría de los padres, si había vivido y continuaba experimentando en todo su esplendor y dolor los matices de la maternidad, si reconocía en la imagen que devuelve el espejo a una mujer entregada a la superación y felicidad de sus hijos. No estaba del todo errada, sin embargo, al no exhalar sobre el respaldo de mi silla cómplice y después de meses de no estirar las piernas, comprendí que los hilos de mi narrativa habían creado un tejido indestructible entre mis sentimientos y mi realidad como madre. Fue al leer, preguntar, acomodar, suprimir y reconocer que advertí la inmensidad del entendimiento: son los niños quienes nos cargan de energía para llevarlos y traerlos; son los niños los que proyectan metas personales al descubrir el mundo a través de nuestros pasos; son ellos quienes nos abrazan en las noches más confusas y solitarias; son nuestros hijos los que trazan con envidiable precisión el compás de la unión familiar. Cierto es que como padres nos graduamos a la par de ellos, también lo es que el manual de convivencia, desarrollo y armonía lo redactamos juntos, como núcleo. Comparto entonces, esta colección, Aprender para crecer, a todos aquellos padres que dividen sus horarios entre visitas al pediatra y partidos de futbol, también a todas las madres que comprenden de desvelos y zurcidos invisibles —los del alma incluidos—. Este compendio de experiencias, testimonios, confesiones y recomendaciones enaltece las voces de especialistas, cuidadores, profesores, madres y padres que provienen curiosamente de diversos caminos, pero que y porque la vida la trazamos así, se han detenido entre cruces y por debajo de puentes a tomar un respiro y tenderse la mano. Que sea ese el propósito de nuestra paternidad: sujetar con disciplina, amor, diversión, cautela y libertad las manos de nuestros hijos y que permitamos que continúen impulsándonos a ser no sólo mejores ejemplos, también sólidos y eternos encuentros.

Mi hijo tiene déficit de atención se basa en los testimonios de padres cómplices que están o han pasado noches de desvelo intentado descifrar las actitudes, arranques y hasta infelicidades de sus hijos que padecen el trastorno, a la par que intentan no perder la cordura ni desatender el resto de las actividades cotidianas. En este libro podrás encontrar si no la solución a tus problemas, sí una visión real alterna a un padecimiento cada vez más presente en la vida de tantos niños y sus familias mexicanas.

Introducción

Los libros de crianza infantil afirman que los niños necesitan ser queridos, respetados e incluso aplaudidos por lo que son, no por lo que hacen. Me parece que a ningún padre le cabe la menor duda al respecto, pero cuando hay en casa un niño con déficit de atención —con hiperactividad—, los reconocimientos y los aplausos desaparecen, ceden la frustración, el malestar, el enojo y, sobre todo, la culpa.

¿Qué es lo que estoy haciendo mal para que mi hija sea tan perezosa en la escuela? ¿Qué hice mal para que mi hijo no me respete?

Los avances en la pedagogía y en la psicología han educado a muchos padres, entre los que me incluyo, sobre la importancia de aceptar al niño tal como es. Sin embargo, es doloroso criar a un niño que ni él mismo sabe quién es, qué le sucede o las razones por las que es rechazado, aun por sus papás.

A pesar de todos los adelantos de la ciencia, no hay una prueba que asegure que el niño padece déficit de atención ni un medicamento que disminuya la intensidad de los síntomas.

Para escribir este libro recopilé los testimonios de muchas familias que tienen un miembro que padece TDA, (trastorno por déficit de atención). A veces alguno de los hijos, otras la madre o el padre adolecieron de él y sus hijos lo heredaron. Pero todas y cada una de las experiencias resultaron desgarradoras: desde la del niño que fue expulsado de cuatro escuelas en menos de dos años, hasta la del adolescente cuyas temerarias reacciones lo han puesto al borde de la muerte en tres ocasiones.

Como padres con hijos que padecen TDA nos sentimos mal y, aunque sepamos que no somos culpables, nos reprochamos en silencio por criarlos "erróneamente".

Esta obra no busca torturar a nadie con relatos dolorosos. Más bien pretende compartir experiencias de niños que padecen el trastorno y recordar a los padres que sus hijos no están solos. Son muchas personas, yo entre ellas, quienes se encuentran en la misma situación. Lo más importante es solidarizarnos entre nosotros y encarar el reto que plantea la educación y formación de niños con TDA.

Armémonos de paciencia, amor y veamos las cosas en perspectiva. Con el paso de los años estos niños podrán llevar una agenda y una computadora portátil y no dejarán plantado a nadie por olvido ni tendrán que recurrir a su memoria para hacer presentaciones universitarias. Su pareja los apoyará y los amará tal como son y nosotros, sus padres, recordaremos, quizá con nostalgia, aquellas tardes en que la Historia ni la Geografía les entraban por ningún motivo.

La manera en que estos chicos enfrenten el futuro depende de cómo abordemos el presente con ellos. Por eso, nada de gritos, ofensas, regaños ni golpes. Por lo pronto, eso es lo que me repito cada mañana antes de despertar a mi hijo, quien padece TDA. A veces las cosas no salen bien y, junto con la llegada del día, empiezan los gritos y las amenazas, pero siempre hago el intento.

Capítulo uno

¿Qué le pasa a mi hijo?

Cuando empezaron las quejas y las bajas calificaciones en la escuela me pareció que los profesores exageraban. "Su maestra es odiosa e intolerante", decía a mi esposo. El cuaderno de tareas de Daniel parecía, más bien, una libreta de recriminaciones. El primer grado de primaria se había convertido en un tormento para mí. Ya no recuerdo cuántas veces crucé la puerta de la dirección, pero cada vez que iba y escuchaba las quejas de las maestras estaba segura de que me hablaban de otro niño.

"Su hijo raya el cuaderno de los demás; se mete por debajo de las bancas y corta con tijeras las agujetas de sus compañeros, o se tira en el suelo a gritar. Una vez, a la mitad de la clase se volteó de espaldas a la maestra y subió los pies a la banca del compañero de atrás", y así proseguía el rosario de lamentos.

La verdadera confusión empezaba cuando, después de toda esa retahíla de reclamos, revisábamos los ejercicios, exámenes y calificaciones del niño: eran excelentes. Obtenía los primeros lugares en Inglés y en Español.

Durante sus estancia en el preescolar no fue un niño inquieto, sino más bien exageradamente retraído y poco sociable. Incluso la directora del jardín de niños una vez me dijo: "El día que reporten a su hijo por mal comportamiento lo vamos a celebrar". Daniel se portaba sumamente bien desde el punto de vista de los demás; quizá por ello cuando pasó a la primaria y comenzaron las quejas yo no les daba crédito.

En casa era tranquilo. Podía sentarse a jugar solo sin causar problemas; o dedicar más de una hora a armar un rompecabezas o a revisar sus libros de aviones. Sin embargo, tenía varios rasgos que llamaban mucho la atención porque lo distinguían de los demás niños, lo hacían un tanto diferente.

De hecho, mis expectativas respecto a mi hijo chocaron contra la realidad por primera vez cuando aún era muy pequeño. Acaso tendría un año. Era alto y muy delgado, prácticamente no sonreía a nadie y detestaba que su emocionada y moderna madre lo llevara cada sábado a la clase de estimulación temprana.

Recuerdo que todos los bebés, excepto él, gozaban de los movimientos, los colchones, la música, el colorido, las resbaladillas. Daniel siempre tenía el gesto adusto y se negaba a cantar o a gatear junto con los otros niños. Por supuesto, era la comidilla de las demás madres, quienes se entusiasmaban con los avances de sus criaturas gracias al apoyo de la estimulación temprana y siempre, con excesiva delicadeza, me preguntaban qué pasaba con mi hijo. Un día incluso me llamó el esposo de una amiga para preguntarme si habíamos pensado en la posibilidad de llevar al niño con un terapeuta porque él notaba que "tenía problemas".

Pasó el tiempo y fui dándome cuenta de que el chico, de apenas cuatro años de edad, no era lo que yo quería: no le gustaban las actividades motrices, no era gordo ni robusto, sino todo lo contrario; no daba besos, no participaba en la clase de música del preescolar, era demasiado serio para su edad, no hablaba de nada con nadie.

En ocasiones, tenemos menos fe en la capacidad de desarrollo de nuestros hijos que en la de las plantas. Olvidamos que lo que impulsa el crecimiento reside en el interior de cada niño.

CORKILLE

Los especialistas aseveran que los chicos son muy sociables antes de los cinco años de edad. "A los cuatro años, el niño es capaz de saltar hacia delante. Muestra espíritu aventurero favorecido porque su destreza muscular es mayor. También muestra un gran progreso social: ya casi no juega solo y busca a otros niños para hacerlo, pero en grupos chicos, de dos o tres pequeños", señala Zalman J. Bronfman en su *Guía para padres*.

El mío no era así: no respondía a mis expectativas y tampoco era lo que los libros me decían que debía ser.

Debido a la conducta problemática de Daniel y a su falta de coordinación motriz, en la escuela me recomendaron inscribirlo en clases de natación o llevarlo a alguna terapia de motricidad, pues sus movimientos eran muy torpes.

Ni tardos ni perezosos, mi esposo, Guillermo, y yo hicimos las dos cosas: lo metimos a clases de natación media hora todos los días y en una terapia de psicomotricidad una vez a la semana para estimular su desarrollo y corregir sus dificultades físicas.

Durante dos años ésa fue la rutina del niño. No obstante, las cosas no mejoraban como sus esperanzados padres anhelábamos. Además, se había vuelto muy agresivo, intolerante y retador.

"¿Qué le sucede a mi hijo?", me preguntaba todos los días desde que abría los ojos.

"Hay algo en Daniel que me preocupa, pero no sé qué es. Debemos buscar ayuda", me decía Guillermo.

Una noche, tras meses de angustia y de notar que estábamos atrapados en un círculo vicioso de gritos, reclamos y agresiones infantiles, mi esposo me dijo que hablaría con un psiquiatra infantil.

"Me niego rotundamente a hacer eso, Daniel no está loco ni tiene más problemas que los que la escuela inventa y tú le crees", le reproché furibunda. "No cuentes conmigo".

A los pocos días me pidió de nuevo que fuéramos, que diera una oportunidad al niño, que pensara en su beneficio y no sólo en mis prejuicios.

Finalmente acepté, fuimos y el médico, un psiquiatra infantil, nos explicó en qué consistía una terapia. Nos dijo que no podía darnos ningún diagnóstico porque ni siquiera conocía al niño, pero que debíamos llenar una serie de cuestionarios y solicitar a la escuela que llenara otros tantos.

Así lo hicimos: le entregamos lo requerido y días después le llevamos a Daniel. Vio al niño durante cinco o seis sesiones, luego nos citó y nos expuso el diagnóstico: "El chico tiene déficit de atención y depresión infantil. Debemos hacerle un electroencefalograma para descartar algún otro padecimiento. Además, ese estudio aportará algunos datos sobre el funcionamiento eléctrico del cerebro y nos permitirá tener la certeza de que no padezca algo más".

Asustados, pero convencidos de que era necesario seguir sus instrucciones, pusimos manos a la obra y empezó nuestro difícil peregrinar por el intrincado laberinto del TDA.

A menudo, en la escuela es donde se aprecian en relieve, por primera vez, las características del déficit de atención, ya que el

> **Antes de los cinco años de edad los niños comienzan a demostrar habilidades para socializar e interactuar con las demás personas**

ambiente escolar requiere habilidades que difícilmente poseen los niños con ese padecimiento; por ejemplo, les resulta complicado prestar la justa atención a una tarea, esperar turnos y permanecer sentados.

En la escuela primaria se demanda al niño que se concentre mucho más que antes, por eso en la mayoría de los casos es hasta esa etapa en que los síntomas comienzan a manifestarse. Los maestros pueden indicar que el chico que los presenta es inquieto, a menudo está fuera de su lugar, es hablador e interrumpe de manera constante, generalmente ve en otra dirección en lugar de mirar al profesor o al pizarrón, es autoritario, molesta a sus compañeros y actúa inconsistentemente.

Laura Castro, madre de Patricio, de 10 años de edad, y de Marisa, de ocho años, narra lo siguiente:

"Recuerdo que un día llegué a la hora de la salida a recoger a mi hijo y una señora me dijo: 'ahí te buscan'. ¿Quién?, le pregunté. 'La mamá de un compañero de tu hijo que ya está fastidiada de tanto que molesta al suyo. Llegó muy enojada a preguntar si alguna de quienes estábamos ahí era la mamá de Patricio Castro.'

Me puse a temblar de rabia e impotencia. ¿Cuánto podía molestar un chico a otro como para que su madre se mostrara tan contrariada?

Todavía no sabía que mi hijo, de segundo año de primaria, tenía déficit de atención, pero ese año mostró las manifestaciones más acusadas del problema: hiperactividad, agresividad, impulsividad y una total falta de atención".

Como padres nos duele reconocer, y más aún aceptar, que nuestros hijos tienen alguna deficiencia. Y cómo no: en ellos depositamos sueños, esperanzas y la idea fija de que "sean los mejores, que sean lo que nosotros no fuimos". ¿Cuántos no hemos soñado con que nuestro hijo sea futbolista o un gran nadador? Y ni qué decir de nuestras hijas: las imaginamos ocupando los primeros lugares, siendo las estrellas de todos los festivales y, además, siempre obedientes, calladas, serias y muy bien educadas.

> *No es sorprendente que los padres pidan la perfección a sus vástagos. Educar a los hijos es una gran inversión pragmática y narcisista. Todos los padres esperan una compensación y esta compensación tiene que ver con el comportamiento de los niños.*
>
> LEACH

"Cuando detectamos y aceptamos que nuestros hijos tienen algún problema el choque es brutal. Como papá o mamá nunca estás preparado para aceptarlo, siempre tienes un modelo de niño perfecto y nuestras expectativas sobre ellos son altísimas. Cuando te dicen lo que tiene tu hijo te sientes muy mal y preguntas: '¿por qué me pasa esto a mí?'", expresa Carmen Islas, madre de un niño de nueve años de edad con TDA.

Teresa Martínez, mamá de Pablo, de nueve años de edad y diagnosticado con déficit de atención, hiperactividad e impulsividad, expone su caso:

"Me desesperaba mucho no saber qué le pasaba a mi hijo. Era muy activo, distraído, dejaba a la mitad la tarea, no podía jugar solo pero tampoco podía compartir juegos con otros niños. Era imprevisible en sus actos y no consideraba los riesgos; su hiperactividad lo exponía permanentemente al peligro, corría en lugar de caminar, golpeaba a otros niños sin motivo.

También recuerdo que dormía muy alterado, se movía mucho y hacía ruidos extraños. El ambiente familiar era tormentoso. Su padre pensaba que yo era muy intolerante con el chico, pero yo hubiera querido que se quedara con él dos días seguidos revisando tareas, organizando comidas, uniformes, loncheras, baños, etcétera, para ver si no perdía la paciencia como yo.

Era un tormento para mí. Sin embargo, al mismo tiempo me sentía profundamente culpable. Mis sentimientos eran de enojo contra el niño y de obligación de quererlo y aceptarlo como era".

"Una amiga muy cercana fue la que notó comportamientos diferentes en mi hijo de siete años y me sugirió llevarlo con un neurólogo. Yo le decía que no le pasaba nada y que sólo necesitaba mano dura, un par de nalgadas y listo. Mi esposo compartía conmigo la idea de endurecer nuestra autoridad con Sebastián. Pero siempre nos quedaba la duda sobre si el niño tendría algún problema neurológico.

Finalmente, cuando nos animamos a averiguar qué sucedía con él sentí un gran alivio al saber que no era yo la que estaba fallando en la educación del chico", comenta Marilú Hernández.

Todos los testimonios de padres de niños con déficit de atención resultaron desgarradores. Sobre todo porque hasta antes de conocer el diagnóstico no se sabe con exactitud qué pasa con los chicos.

Un niño con alguna discapacidad se reconoce de inmediato: no ve, no escucha, usa una silla de ruedas, sus rasgos físicos manifiestan alguna lesión cerebral… Por ello los padres lo tratan de acuerdo con su realidad. En general no lo golpean, no le gritan y, principalmente, conocen el diagnóstico médico. Esto se debe a que el estudio de muchas discapacidades tiene ya muchos años de historia. Hay investigaciones, avances y en muchos países los discapa-

> Educar niños con TDA se convierte en todo un reto
> debido a sus actitudes tan versátiles y la poca
> información referente al padecimiento

citados ocupan un lugar digno en la sociedad. No es como antes, que se les escondía o simplemente se esperaba a que fallecieran.

En el caso del TDA, si bien ya existía, no fue sino hasta hace una década cuando se definieron con mayor precisión sus características. Por eso hay poca información sobre el padecimiento —aunque cada vez existen más organizaciones dedicadas a difundir los síntomas del trastorno— y los padres no saben qué hacer cuando su hijo presenta ciertas características típicas.

Mariana Flores Lot, psicóloga, explica que desde el siglo pasado se ha intentado definir el déficit de atención como hiperactividad, ya que se suponía que los niños que lo padecían presentaban alguna alteración neurofisiológica y que eran retrasados mentales.

En 1902 se le definió como "defecto en el control moral", y en la historia médica se empezó a tener en cuenta cuando el pediatra británico George Still publicó el caso de niños con problemas de atención y conducta bajo la sospecha de que tendrían algún tipo de lesión cerebral.

Entre 1917 y 1922 una serie de epidemias recorrió Europa y dejó secuelas inflamatorias en el cerebro infantil; los niños afectados mostraron alteraciones que comprendían conductas antisociales, hiperactividad y una gran falta de capacidad para concentrarse.

En 1932 se descubrió que un grupo de niños con traumatismo craneoencefálico presentaban las mismas conductas, las cuales recibieron en conjunto el nombre de *daño cerebral mínimo* durante las décadas de 1940 y 1950.

Cuando los investigadores descubrieron que niños sin ninguna lesión cerebral tenían esos mismos comportamientos se le cambió el nombre a *disfunción cerebral mínima*. Posteriormente, cuando se consideró que la hiperactividad era el síntoma observable, se le dio el nombre de *desorden hiperquinético impulsivo* o *hiperactividad*.

Sin embargo, también se encontró esta condición en niños que no presentaban hiperactividad y que el síntoma más notorio era la falta de atención; entonces se adoptó el término de *desorden del déficit de atención/hiperactividad*.

La falta de información nos lleva a quejarnos de la conducta de nuestros hijos. Intentamos todo, desde castigos físicos y sociales hasta amenazas y chantajes. Los niños con TDA son, en su mayoría, maltratados, golpeados, victimizados psicológicamente: "eres un desobediente", "eres un tonto", "¿estás sordo?", "eres un burro", "eso te pasa por no fijarte".

Por añadidura, se les suele expulsar de las escuelas, causan enormes desajustes en el funcionamiento familiar y sufren permanentemente el rechazo de diversos grupos sociales.

De acuerdo con el doctor Saúl Garza, neurólogo pediatra y jefe del Departamento de Neurología del Hospital Infantil de México "Federico Gómez":

> El déficit de atención, reconocido por la Organización Mundial de la Salud (OMS) como un trastorno del desarrollo, no es nuevo. Lo que sucede es que no estaba identificado con la claridad de hoy día ni tenía este nombre.

Antes se le conocía como *disfunción cerebral mínima* e incluía la dislexia, la falta de atención y problemas de lectura y escritura. Las investigaciones se han ido depurando y ello ha permitido establecer criterios para definir este padecimiento de origen genético. En la última década se han afinado los conceptos de los médicos. No obstante, el diagnóstico del trastorno por déficit de atención sigue siendo clínico, es decir, no hay una prueba que se realice al chico y que arroje un resultado positivo o negativo, lo cual es una desventaja significativa. En la actualidad se está trabajando en la identificación de los genes que lo producen a fin de contar con una prueba efectiva de detección rápida y podamos aprender más del problema".

Aurelia Alfaro, madre de Elena, Alejandra y Federico, de nueve, siete y tres años de edad, respectivamente, narra su experiencia:

"Elena, mi hija de nueve años, es muy seria y bien educada. Sus maestras me han dicho que tiene una buena conducta dentro del salón de clases pero por lo general está distraída y en casa no puede concluir sus tareas porque olvida las instrucciones —que también olvida anotar. Tiene un buen desempeño académico; su promedio es de ocho. El problema es que una actividad para la que cualquier niño precisaría 10 o 15 minutos, a ella le exige hasta media hora; a eso hay que añadir que evita terminar lo que empezó.

No tiene una buena relación con sus compañeros porque parece vivir en otro mundo. En varias ocasiones ha olvidado la mochila en la escuela. Yo intuía que algo le pasaba porque me parecía anormal que olvidara las cosas tan frecuentemente, y siempre le decía 'mi hijita, vives en la luna'. No creí que hiciera daño a su autoestima".

Tampoco Ana María González sabía qué le sucedía a su hijo. "'¿Por qué tu hijo Manuel es tan desobediente?', me preguntaban mis hermanos. Yo sentía pena de tener un hijo así. Lo expulsaron de tres escuelas, sus maestros lo calificaban como 'el típico niño problema': responde cuando nadie le pregunta, es muy descuidado con su arreglo personal, su trabajo es muy sucio, es impaciente, impulsivo y no tiene tolerancia a la frustración. Podrán expulsarlo de la escuela, pero yo jamás lo correré de mi casa. Mi esposo me dice que yo soy culpable porque lo consiento demasiado, pero en realidad maltrato mucho su autoestima. Le grito, me desespero y hasta un bofetón ya le di por respondón".

No sólo los padres nos hemos preguntado qué le pasa a nuestros pequeños. El comportamiento de estos chicos también puede desajustar las estructuras escolares hasta que acaban por "invitarlos a abandonar la escuela".

Claudia Martínez es maestra de cuarto año de primaria y tiene un alumno a quien se ha diagnosticado déficit de atención. Ella explica lo siguiente:

"Me desconcertaban totalmente sus actitudes. A la mitad de la clase se tiraba en el suelo a gritar, alteraba a sus compañeros. Rayaba los recados que mandaba a sus padres, me retaba y, por supuesto, no prestaba atención a la clase.

Ningún equipo del salón quería trabajar con él. Sin embargo, tenía muy buenas calificaciones. Yo siempre trataba de tomarlo desprevenido con alguna pregunta relacionada con el tema que estábamos viendo e increíblemente me respondía a la perfección. Tenía excelente ortografía, era bueno para las Matemáticas, era un niño que siempre asistía muy limpio a la escuela.

Llegamos a creer que se aburría y por eso actuaba de esa forma, pero emocionalmente era demasiado infantil como para adelantarlo un año y que sobreviviera en la jungla que representan los salones de quinto de primaria.

En definitiva, sus padres decidieron cambiarlo de escuela. Pero me parece que este tipo de niños supone todo un reto para cualquier maestro".

Mi hijo, ¿diferente?

Una de las realidades más difíciles de aceptar para un padre es que su hijo sea diferente. No peor ni mejor, simplemente distinto y con un ritmo propio de crecimiento, desarrollo y madurez.

Siempre fui una madre devoradora de todo libro que encontraba relacionado con la crianza. Para mi desgracia, Daniel no respondía a ningún tipo de patrón. El pediatra nos decía que todas sus características eran las de un niño normal: comía muy bien, crecía a pasos acelerados, convivía con su hermana y en la escuela no tenía problemas.

> *Los niños que crecen pensando que deben agradar a todo el mundo, sufrirán de ansiedad y dudarán de sí mismos. Su autoestima dependerá únicamente de los demás.*
>
> STEEDE

Pero no respondía a mis aspiraciones. Recuerdo que mientras todos los niños del equipo de futbol corrían detrás del polvoroso balón, mi hijo se entretenía en una esquina de la cancha persiguiendo hormigas o agarrando puños de tierra y lanzándolos al aire mientras corría.

"Pero si ya tiene siete años, esas cosas las hacen niños más pequeños", pensaba avergonzada de su comportamiento. Y es que su forma de proceder no respondía a lo que afirmaban mis lecturas y tampoco era la conducta socialmente esperada de un chico de su edad. Hubiera querido verlo correr y terminar el entrenamiento bañado en sudor, cansado y cobijado entre felicitaciones de las demás mamás: "¡Daniel, metiste un gol, felicidades!".

Nos subíamos al automóvil de regreso a casa y yo no paraba de reclamarle su actitud: "no sabes lo que significa para mí traerte. No aprovechas lo que te damos; no entiendo qué sucede contigo". El niño sólo me miraba con curiosidad y sin escuchar.

Para mí, sus siete años fueron una de las edades de mayor conflicto. Simple y sencillamente no respondía a lo que yo esperaba, mucho menos se apegaba a lo que la mayoría de las madres comentaban sobre sus hijos de esa "maravillosa edad". Mis expectativas se desmoronaban día tras día al revisar sus cuadernos: "¡Qué letra, niño!, ¡y ese recado de la maestra!, ¡olvidaste otra vez tu bolígrafo en la escuela!".

Mi idea de que algo pasaba con él se manifestaba cotidianamente en el aluvión de preguntas que le hacía intentando obtener una respuesta: "¿Por qué no quieres jugar beisbol? ¿Qué te pasa en la natación que no hablas con nadie? ¡No me contestes así! ¡Qué agresivo eres ¿eh?, voy a hablar con tu papá porque yo ya no puedo contigo!".

Por supuesto, toda esa angustia, rechazo y frustración que me producía el hecho de que el niño no se pareciera a los demás se la transmitía de manera directa a su autoestima. "¡Qué grosero eres! ¡Cuando hablo contigo siento que hablo con una pared!".

Lo peor es que creía que con esa retahíla de reclamos el niño iba a entender y modificaría su conducta. "¿Qué más puedo hacer con él para que sea normal?", me preguntaba desesperada.

Y como "buena madre" que soy, me culpaba constantemente y trataba de averiguar en qué había fallado para que mi hijo no tuviera la coordinación motriz de los niños de su edad; no se apasionara por los deportes y sufriera numerosos problemas para desenvolverse socialmente.

Carlos es otro niño con déficit de atención. A sus 11 años ya se fracturó una pierna, un brazo y perdió tres dientes. Erika, su madre, no entendía por qué su hijo era tan atrabancado en todas sus actividades. Todo el tiempo se la pasaba corriendo, brincando de un lado a otro; parecía no escuchar, no seguía indicaciones.

"Lo enviaba a lavarse los dientes y me decía que sí, pero al llegar a su cuarto lo encontraba haciendo otra cosa. Entonces le preguntaba si ya se había aseado los dientes y me respondía que sí, pero en realidad no lo había hecho porque olvidaba la instrucción", cuenta.

> Comprender que tenemos un hijo diferente
> provoca enfrentamientos con nuestra ideal de ser
> o no padres aptos para su crianza

Maricruz Santaella, madre de Jaime, de 12 años de edad, expone su caso: "El problema de mi hijo, más que la falta de atención, es la impulsividad: es capaz de destruir todo lo que está a su paso si las cosas no salen como él quiere. Se me ha ido encima en un par de ocasiones y una vez aventó su reloj por la ventana del automóvil en marcha. Me daba pavor cuando se ponía así porque en verdad era incontrolable. Tenía que estacionar el auto y asegurarme que se tranquilizara porque de no ser así, Jaime hubiera sido capaz de aventarse por la ventana".

Por su parte, Estela Benítez, mamá de Fernando y Camila, de seis años de edad, narra lo siguiente:

"Lo que más me dolía de la relación con mi hijo es que sentía que no lo quería por su manera de ser. '¿Qué más puedo dar a este niño que tiene todo?', me preguntaba. No entendía por qué era tan grosero conmigo. Creía que yo era la culpable porque no le había puesto límites. También culpaba a su padre por cumplirle cuanto deseo tenía el niño. En mi hogar se hacía lo que Fernando decía.

Muchas veces llegué a desear que él y su padre se marcharan de la casa. Ya no aguantaba más. Un día, después de una rabieta, el niño me escupió en la cara y mi reacción inmediata fue propinarle una cachetada. Él se fue furioso al baño y empezó a aventar todo y a golpearse la cabeza contra la pared. Sentí mucho miedo e impotencia. Sentía tristeza por mí, pero sobre todo por él. Esas conductas ya no eran un simple berrinche. Me pregunté: ¿qué tiene el niño para sentirse así?'. Fue entonces cuando decidí buscar ayuda. Claro, en la escuela mostraba problemas de conducta, pero nunca habían tenido más consecuencia que un reporte".

El marasmo de confusión que envuelve la conducta de un niño con déficit de atención es lo que nos lleva a dudar respecto a nuestro adecuado proceder como padres. Antes de saber que nuestros hijos padecen el trastorno —con o son hiperactividad, con o son impulsividad—, no entendemos, y menos aún aceptamos que nuestro pequeño sea distinto.

> *Entender la naturaleza del comportamiento del niño con TDA es crítico para los padres. Primero, es importante entender que el comportamiento básico es manejado por la neurofisiología del niño. Esto puede aliviar mucha culpa y búsqueda de errores propios.*
>
> FLICK

Maru Landa, madre de Ramón y Jordi, ambos de seis años de edad, relata:

"Durante mucho tiempo creí que el comportamiento de mi hijo Ramón era común en un niño de su edad; cuando empezaron las quejas y nuestro propio fastidio, hablamos con él y pensamos que había comprendido que su comportamiento no era el adecuado para convivir con los demás. Lo amenazamos con que iría a una escuela militarizada y se asustó al punto que prometió portarse bien.

Dos días después lo suspendieron de la escuela porque se había puesto a escribir palabras obscenas en el pizarrón. Cuando llegué a recogerlo iba convertida en una fiera.

'Qué te pasa? ¿Eres tonto y no entiendes que debes portarte bien en la escuela?', estallé contra él. El niño empezó a llorar y me dijo que no sabía qué le pasaba, que trataba de portarse bien pero no podía. Incluso me dijo: 'mamá, tal vez estoy loco'.

Me partió el corazón darme cuenta de que el chico estaba igual o más desesperado que yo. Lo abracé y le prometí que juntos encontraríamos la solución. Hablé con una amiga, terapeuta infantil, y me sugirió consultar a un neurólogo, quien le diagnosticó déficit de atención".

Cuando empecé a escuchar todas estas historias se agolparon en el cajón de mis recuerdos anécdotas de Daniel que ya no recordaba. Se trataba de detalles que rompen por completo con la conducta característica de un niño de su edad, de cualquier edad.

A los cuatro años, un día lo lleve a la revisión pediátrica anual y él iba hecho un energúmeno. Entró tan enojado al consultorio del médico que arrasó con cuanto tenía a mano. Todavía recuerdo su bracito encima del escritorio del médico empujando violentamente papeles, medicamentos y juguetes. El doctor me decía "no le hagas caso, sigue hablando conmigo como si no pasara nada".

Daniel se fue contra lo que estaba en la pared y aventó muñecos y todo lo que se hallaba a su altura. Tal comportamiento me pareció completamente errático, pero no lo dejé pasar. Error.

Años después, una amiga me encargó a sus dos hijos: Pablo y María. La niña era amiga de Lucía, mi hija, y Pablo y Daniel no eran amigos pero tenían la misma edad. Por supuesto, todo el tiempo estuve muy pendiente del cuarteto, sin embargo, en un momento que fui a contestar el teléfono Daniel decidió que María tenía el cabello muy largo y se lo cortó desde la punta del hombro derecho hasta la del hombro izquierdo. Cuando regresé a la habitación —no pasaron más de tres minutos— y vi aquel salón de belleza improvisado me eché a llorar. Castigué a Daniel y llevé a María a que le arreglaran el cabello. Afortunadamente la madre de estos niños era muy amiga mía y comprendió.

Los cuatro niños fueron castigados durante un mes sin poder usar tijeras. Y aunque me decían que el comportamiento de Daniel era normal, a mí me parecía que rebasaba lo "normal".

La mayoría de los niños, ya sea que lo expresen o no, se preocupan mucho porque sus padres los aprueben, confíen y crean en ellos. Los niños y adolescentes con déficit de atención pueden desalentarse fácilmente con la cantidad de retroalimentación negativa y desaprobación que reciben día con día.

RIEF

Otra anécdota que vino a mi memoria fue cuando el niño hizo un berrinche de dimensiones espectaculares en el automóvil: empezó a aventar por la ventana los lápices de colores, los plumones, las tijeras y pateaba el respaldo del asiento delantero mientras me gritaba "ojalá te mueras".

Sentí pánico al pensar que se arrojaría por la ventana, así que me estacioné a esperar a que se tranquilizara.

"¿Qué demonios le pasa a mi hijo?", me preguntaba todos los días. A veces me daba miedo ir a despertarlo por tener que emprender una nueva batalla más. Estaba irritable todo el tiempo. La única persona capaz de calmarlo era Lucía, quien siempre le ha tenido una paciencia infinita a pesar de ser la menor.

Guillermo se preocupaba y le dolía mucho que el chico no tuviera amigos. En el recreo deambulaba solo por el patio de la escuela; el futbol no le interesaba, tampoco los otros niños parecían llamarle la atención.

El especialista que le daba terapia de motricidad me decía: "Castíguelo quitándole algún privilegio", pero Daniel no mostraba interés especial por algo, no tenía programa favorito, no tenía amigos, no jugaba Nintendo, la computadora lo tenía sin cuidado. ¿Qué podía hacer para que mi hijo mejorara su conducta?

> Aunque el TDA no es un trastorno de desarrollo relativamente nuevo, fue hasta hace apenas unos años que fue identificado con otro nombre y estudiando a mayor detalle

Tiempo después entendí que, aunque hubiera tratado de hacer algo, el niño no habría mejorado, pues padecía trastorno por déficit de atención, era impulsivo y requería medicamento.

Preguntas

Como padres, siempre tenemos muchas expectativas respecto a nuestros hijos. Analicemos:

1. ¿Somos objetivos?
2. ¿Cómo reaccionamos cuando nos damos cuenta de que nuestro hijo es diferente?
3. ¿Aceptamos a nuestro hijo tal como es? ¿Nos atrevemos a reconocer frente a nosotros mismos que lo rechazamos?
4. ¿Nos hemos puesto a realizar un inventario de todo lo que no aceptamos de nuestro hijo?
5. ¿Sabemos cómo marcha su autoestima?
6. ¿Nos sentimos culpables de que nuestro o nuestros hijos sean diferentes? ¿Por qué?

Capítulo dos

El diagnóstico

En casi todas las familias en que hay un miembro con déficit de atención, éste fue detectado en la escuela. Pero ¿acaso no todos los niños muestran alguna vez en su infancia signos de hiperactividad o impulsividad? Sí, así es, pero en el caso de los niños con TDA, esas conductas son la regla, no una excepción.

De acuerdo con el doctor Arturo Mendizábal, especialista, si bien en la escuela es donde se detecta el padecimiento del chico, también es cierto que ésta ha contribuido a sobrediagnosticar a los pequeños, y muchas psicólogas escolares tienden a catalogar automáticamente a los alumnos que "rompen las reglas" como niños con TDA.

La respuesta definitiva sólo puede darla un especialista entrenado en psiquiatría infantil tras realizar una evaluación cuidadosa y detallada de cada caso.

Por su parte, el doctor Juan Carlos Reséndiz, neurólogo pediatra, coincide también en que no es tan sencillo diagnosticar a un niño con TDA porque no existe ningún marcador biológico, ningún estudio específico que asegure que el pequeño sufre el trastorno.

Esto se detecta por datos clínicos, es decir, por toda la información que den los padres y los maestros sobre el comportamiento del chico. Sin embargo, hay que hacer una valoración neurológica para descartar cualquier otro problema y, a la par, realizar diagnósticos diferenciales de enfermedades pediátricas. El asma, por ejemplo, provoca en el niño periodos cortos de atención. A veces también es necesario aplicar pruebas auditivas y visuales para descartar fallas en esas áreas. Los exámenes psicométricos pueden ayudar a obtener algunos indicadores, pero el testimonio de padres y maestros es muy importante en el diagnóstico.

De acuerdo con la bibliografía especializada basada en el *Manual diagnóstico y estadístico de trastornos mentales DSM1V*, el trastorno por déficit de atención con hiperactividad e impulsividad (TDAH) consta de una serie de síntomas y signos principales, entre los que destacan:

▶ El niño se equivoca con frecuencia por no prestar la suficiente atención a los detalles, o debido a descuidos comete errores en las tareas, los trabajos u otras actividades.
▶ Tiene dificultad para mantener la atención en las tareas y los juegos.

- A menudo parece no escuchar cuando se le habla directamente.
- Le cuesta trabajo seguir instrucciones y terminar las tareas, encargos u obligaciones.
- Tiene dificultades para organizar sus quehaceres o actividades escolares.
- Le molesta o evita hacer tareas o trabajos en los que deba realizar un gran esfuerzo mental.
- Es frecuente que pierda los objetos que necesita para realizar las actividades escolares.
- Se distrae con gran facilidad.
- Es descuidado con sus actividades cotidianas, las hace mal, rápido o las olvida.

Entre los síntomas de hiperactividad-impulsividad destacan:

- Se mueve constantemente.
- Se levanta de su asiento en los lugares y momentos en los que se supone debería estar sentado.
- Brinca y corre en lugares y situaciones en las que no debería hacerlo.
- Cuando juega, lo hace siempre hablando o gritando y no puede permanecer callado o tranquilo.
- Responde antes de que se le pregunte.
- Tiene dificultad para esperar su turno.
- Suele interrumpir o meterse en las conversaciones de los demás.
- No puede esperar la gratificación, quiere las cosas "en este preciso instante".
- Conoce las reglas y sus consecuencias, pero repetidamente comete los mismos errores e infringe los reglamentos.
- No piensa en las consecuencias, por lo que puede ser muy temerario.

▶ Tiene dificultad para inhibir lo que dice; hace comentarios carentes de tacto; dice lo que se le ocurre y reclama a las figuras de autoridad.

▶ No se toma tiempo para corregir su trabajo ni para leer las instrucciones.

En su libro, *La lista del* TDA *y* TDAH. *Una sencilla referencia para padres y maestros.* (*The* ADD/ADHD *check list. An easy reference for parents & teachers*), Sandra Rief afirma que para considerar el diagnóstico de TDA el niño debe mostrar al menos seis de las características de falta de atención citadas o seis de las correspondientes a la impulsividad e hiperactividad. Estas conductas deben ser evidentes antes de los siete años de edad y persistir por un periodo mayor a seis meses. Los comportamientos de falta de atención, impulsividad e hiperactividad deberán ser incoherentes respecto al nivel de desarrollo del niño y que además alteren su adaptación social.

"Los síntomas deben mostrarse en más de una circunstancia y ser lo suficientemente serios como para afectar el desempeño exitoso del niño en la casa y la escuela", señala Rief.

Alejandra Tena, psicóloga infantil, afirma que cuando estamos frente a un caso de TDA es muy frecuente que la madre esté desesperada, angustiada y deprimida por los serios problemas de la dinámica familiar y escolar del niño.

Siempre creí que sería una buena madre, hasta que mi hijo con déficit de atención me corroboró lo opuesto.

ANÓNIMO

"Muchas veces, a pesar de todo lo que nos cuentan, las madres suelen negar que su hijo padezca el trastorno. Sin embargo, en ocasiones la negación del padre es mucho mayor y eso representa uno de los principales obstáculos para el tratamiento", indica.

> En los niños con TDA, la hiperactividad y la
> impulsividad son características cardinales
> producto del trastorno

En mi caso fue exactamente al contrario. Guillermo fue el primero en buscar ayuda; él sospechaba que Daniel tenía algún problema neurológico, pero hoy dice que era tan profundo mi sentimiento de negación que por ello no insistió mucho en ese momento, sino hasta que las cosas fueron empeorando.

"Lo que más me duele de que mi hijo tenga TDA es el daño provocado a su autoestima; el que haya vivido ante el regaño constante, ante nuestra desaprobación, frente a nuestras agresiones verbales y físicas, que no eran otra cosa más que producto de la impotencia y la desesperación ocasionadas por vivir con un niño con ese trastorno. Por fortuna ya está tomando medicamento, va a una terapia y tiene todo nuestro apoyo", afirma Andrea Buenrostro, madre de José Luis, de 10 años de edad.

De acuerdo con los expertos, el grado de trauma emocional es tan alto que puede llevar al chico a la depresión. En algunos casos se ha descrito el desarrollo de conductas antisociales y delictivas en adolescentes y adultos con historias de trastornos de atención y depresión. Esto no resulta exagerado si pensamos en cómo han sido agredidos y rechazados por la sociedad.

Ahora puedo reconocer la gran cantidad de veces que agredí emocionalmente a Daniel, presa del desconocimiento de lo que le sucedía. Como tantas otras mamás de niños con este trastorno, le grité, lo regañé injustamente y lo maltraté de manera verbal.

El TDA es un trastorno del desarrollo que afecta a los niños y que puede prevalecer en la edad adulta. La característica más importante es que el afectado presenta periodos cortos y variables de atención.

De acuerdo con el doctor Reséndiz, el déficit de atención es una falla química del cerebro. Los niños con TDA no producen suficiente dopamina, cuyo propósito es enviar información al área frontal del cerebro, donde se ubican las funciones de concentración y atención.

> Las neuronas del área frontal del cerebro liberan dopamina, que es la molécula o neurotransmisor que lleva la información de una neurona a otra. La neurona receptora recibe la dopamina y puede enviar la información de atención-concentración. (Las sustancias más importantes para estas funciones son la dopamina y la noradrenalina.) Cuando la dopamina se adhiere a los receptores, se crea una enzima que la destruye y la vuelve a capturar. Algunos medicamentos evitan que la dopamina se destruya muy rápido y esté más tiempo en contacto con el receptor, lo que permite al niño tener periodos más largos de atención.

Para Sonia Lamas, madre de Enrique, de 14 años de edad, y de Félix, de 11, fue muy difícil aceptar que su hijo menor tuviera TDA.

"No sólo me costó trabajo aceptarlo, sino tener que darle el medicamento. Mi temor más grande era volver al niño farmacodependiente. Me resistía a aceptar que Félix necesitara una medicina para sentirse bien. Fue tan difícil porque toda la vida he recurrido y creído en la homeopatía, pero en el caso del déficit

> Usualmente la madre de un niño con TDA vive desesperada, angustiada y deprimida por los problemas de dinámica familiar y escolar de su hijo

de atención la medicina natural no funcionó. Mi hijo iba de mal en peor. A la postre, acepté el medicamento cuando el neurólogo me explicó los efectos de la medicina y me garantizó que Félix no se volvería adicto".

Arturo Mendizábal afirma que la causa de una alteración tan compleja como el TDA, que afecta tantos aspectos de la conducta de quien la padece, sólo se explica como un resultado de múltiples factores biológicos y psicosociales.

A mayor escala, explica:

> No existe un solo factor al que pueda atribuirse el origen del déficit. Los principales factores biológicos interactúan de manera compleja y van desde los genes hasta los circuitos neuronales del sistema nervioso, pasando por los sistemas bioquímicos. Todo ello produce la disminución de los mecanismos de autocontrol y afecta las funciones cerebrales relacionadas de manera directa con la atención, la percepción y la anticipación. Respecto a la falta de dopamina en el cerebro del niño con TDA, cabe señalar que también está asociada con la sensación de satisfacción. Por ejemplo, cuando alguien termina un trabajo que le llevó tiempo, atención, etcétera, tiene la sensación de estar satisfecho por lo logrado. En el caso del TDA, los niños no experimentan esa sensación por la falta de dopamina, entonces siempre tienen la impresión de estar vacíos, de que nada les satisface, de que nada es suficiente.
>
> Por el contrario, tampoco son capaces de reconocer cuando hacen bien las cosas. Les cuesta trabajo aceptar sus logros, se minimizan. Esta percepción es independiente de todas las demás cargas de rechazo social que llevan a cuestas. No tienen autosatisfacción interna y eso les genera muchos problemas de autoestima.

Lamentablemente, el TDA no es como una infección en la garganta o como un dolor de muelas. No hay pruebas de laboratorio ni análisis que permitan detectarlo y el problema ahonda aún más ya que los síntomas pueden variar de modo considerable de un paciente a otro.

Daniel, mi hijo, no tiene un grave problema de concentración, por ejemplo. De hecho, tiene un alto rendimiento académico; sin embargo, tiene cierta dosis de hiperactividad y mucha impulsividad. Lisa Beltrán, de 13 años, se esmera mucho en prestar atención en clase cuando va a la escuela, pero se distrae al menor movimiento de sus compañeros. Uno de los momentos más vergonzosos para su madre fue un día que estaban comiendo en un restaurante. Lisa parecía muy atenta a la conversación de sus padres, quienes entusiasmados creían que por fin habían logrado captar la atención de su hija. Justo cuando llegó la mesera con la charola repleta, Lisa se distrajo, se levantó abruptamente de su silla y tiró la charola con bebidas, comida y el postre de la mesa vecina sobre la asustada mesera.

Dos sustancias químicas que utilizan las neuronas para comunicarse entre sí, dopamina y noradrenalina, están alteradas en los niños con déficit de atención e hiperactividad, pero no en sujetos sanos.

Cuerpo médico de www.iladiba.com

El neuropediatra Saúl Garza afirma que entre 70 y 80% de los casos, aproximadamente, los padres se enteran del problema de atención e hiperactividad de su hijo por las quejas escolares. Con variantes y según el avance del trastorno, los profesores indican haber detectado más inquietud, más distracción, ciertos problemas sociales, intolerancia y poca capacidad de adaptación. Casi sin excepción, informan también que los niños no siguen instrucciones. Algunos casos pueden acompañarse de *tics* (contracción involuntaria de algunos músculos en una o más partes del cuerpo), dificultades en la lectura, en la escritura y dislexia.

El diagnóstico del TDA es clínico y no se necesita otra prueba para identificarlo. Es suficiente con el estudio rutinario del paciente que incluye, entre otras cosas, una evaluación oftalmológica y una valoración auditiva, así como pruebas psicométricas, las cuales se aplican con la ayuda de un psicólogo. Al pediatra le corresponde asegurar que el niño no tiene problemas de tipo tóxico o deficiencia de hierro, que también se asocian con la hiperactividad o la distracción; lo mismo sucede cuando hay demasiado plomo en la sangre. De manera paralela, es importante hacer un estudio físico completo del chico y descartar alguna enfermedad neurológica. En el caso de niños de nacimiento prematuro, éstos tienen fallas motrices o de atención. Los mismos síntomas de falta de atención pueden presentarse en el paciente asmático o con enfermedades cardiovasculares. Por eso hay que hacer una historia clínica detallada del chico y de la familia. Esto también contribuye a descartar enfermedades físicas, genéticas o de tiroides que se relacionan con la falta de atención. Sobre los estudios, Garza comenta:

> El electroencefalograma no es indispensable para hacer un diagnóstico, pero está indicado en casos muy particulares; por ejemplo, cuando el niño tiene distracción intermitente y el médico sospecha que puede padecer epilepsias de ausencias que causan distracción. Este tipo de estudio es requerido para un grupo pequeño de la población. Las tomografías o resonancias magnéticas deben limitarse al grupo de infantes que se sospecha padece otra enfermedad, o cuando el neurólogo o el paidopsiquiatra cree que el niño es portador de alguna enfermedad del sistema nervioso. Sin embargo, de ninguna manera estos estudios han de considerarse rutinarios, incluida la imagen diagnóstica del cerebro.

A ningún padre le resulta placentero enterarse de que su hijo sufre algún padecimiento. Aunque me atrevo a decir que en el caso de los niños con TDA los papás recibimos la noticia con buen talante y, sin temor a exagerar, incluso con tranquilidad. Por fin sabemos qué les sucede a nuestros hijos; por fin alguien nos dice que su conducta no es por nuestra culpa, por no imponer límites, ni por nuestra debilidad de carácter.

Empero, afirma Mendizábal, no es tan sencillo diagnosticar a un niño con TDA. El reto de los médicos consiste en hacerlo con precisión, ya que el trastorno tiene muchas combinaciones. En pocas palabras, el TDA se diagnostica por exclusión.

"Mi hijo presenta las características descritas en los estudios sobre el déficit de atención; incluso en la escuela las maestras me han sugerido en varias ocasiones que lleve a Eduardo con un neurólogo. Así lo hicimos; el médico lo revisó y le practicó un electroencefalograma. El diagnóstico: el niño no sufría padecimiento alguno; sin embargo, tenemos dudas, pues el chico sigue ocasionando muchos problemas en casa y es muy distraído en la escuela, lo que le causa muchos conflictos. Los medicamentos nos asustan mucho. Pero estamos tan confundidos que no sabemos qué hacer", expresa Verónica Badillo, madre de Eduardo, de nueve años, de Vanesa, de siete, y de Ricardo, de tres.

El doctor Reséndiz explica que muchas veces han llegado a su consultorio padres muy confundidos porque no se explican cómo es posible que su hijo haya sido diagnosticado con TDA si es capaz de estar dos horas frente a la pantalla del televisor o jugando Nintendo sin parar.

El niño con TDA se caracteriza por tener periodos cortos y variables de atención, lo cual depende de que exista un motivador directo. Es decir, es posible que el niño esté tranquilamente sentado durante un largo periodo mirando la televisión porque le despierta interés. Para esa motivación directa como es el televisor, el Nintendo o la computadora el niño no requiere liberar dopamina. El motivador directo provoca un factor, acción o actividad que interesa al chico, pero si por algún motivo algo cambiara o exigiera esfuerzo de su parte, perdería de inmediato la atención y le costaría mucho trabajo recuperarla.

Patricia Casado, madre de Tomás, de 11 años, comenta que otras mamás siempre tenían alguna "genialidad" que contar respecto a su hijo.

Hasta que acepté que mi hijo era diferente me puse a trabajar en serio conmigo misma y me di cuenta de que parte del problema era mi rechazo.

ANÓNIMO

"Yo sólo me limitaba a decir que era un buen niño. En el fondo tenía miedo de que fuera débil mental y no me atraía estimularlo, como hacían las otras mamás con sus hijos. Comete tantas travesuras que cuando la maestra me cita, imagino siempre lo peor. Ya está en tratamiento con una psicóloga y le prescribieron medicamento. Pero me parece que su problema es tan severo que ni siquiera se concentra viendo televisión o con los videojuegos", afirma.

Cuándo es posible diagnosticar el TDA

Para evaluar si una persona tiene TDA los especialistas consideran varias interrogantes:

▶ ¿Los comportamientos son excesivos, de largo plazo y penetrantes; es decir, ocurren más a menudo que en otras personas de la misma edad?

> ▶ ¿Son un problema continuo y no sólo una respuesta a una situación temporal?
>
> ▶ ¿Los comportamientos ocurren en varios marcos o en un lugar específico como el patio de recreo o la casa de los abuelos?
>
> El esquema de comportamiento del menor es comparado con un conjunto de criterios y características del trastorno.

¿A qué edad se puede diagnosticar el TDA?

Los especialistas coinciden en que es difícil saber si un niño padece déficit de atención antes de los cinco o seis años de edad, ya que es precisamente durante esa etapa que están descubriendo el mundo exterior y son inquietos por naturaleza.

Para diagnosticar el TDA, la Asociación Americana de Psiquiatría exige que los síntomas ya señalados se presenten antes de los siete años y reconoce la importancia de hacer una historia clínica del chico que se remonte hasta su nacimiento.

Juan Pedro Vázquez, psicólogo infantil, afirma que muchas de las historias de sus pacientes con TDA son muy similares:

Cuando eran bebés presentaban dificultades de sueño, de alimentación y llanto sin motivo aparente. Los padres, por supuesto, perdían la paciencia, además de estar agotados, ya que debían ir a trabajar y continuar sus actividades diarias sin descansar lo suficiente.

Los problemas de sueño, alimentación y llanto de estos niños generan ansiedad en los padres y los chicos lo perciben, por lo que se establece un círculo vicioso en la relación que permanecerá aun con el paso del tiempo.

Gran parte de los síntomas antes indicados no son tomados muy en serio por los padres, quienes a veces consideran que su hijo es muy inquieto y juguetón.

En mi caso, la abuela materna afirma que Daniel es un chico perfectamente normal; no entiende por qué debe tomar medicina y menos aún las razones de llevarlo con un psiquiatra.

"Hija", me dice, "Daniel es un niño normal aunque más sensible que los demás. Tú y tus hermanos hacían lo mismo que él. Todos los niños se portan mal, por algo son niños. Exageras. Déjalo en paz".

Cada vez que escucho estos comentarios entro en un verdadero conflicto porque no sé si mi madre tiene razón o no. Me hace dudar hasta de mi capacidad como mamá. Me consuela saber que no soy la única que se siente así. Las abuelas de nuestros hijos se dan a la innecesaria tarea de cuestionarnos todo lo que hacemos con ellos. Me resulta injusto.

Pero digan lo que digan las abuelas, lo cierto es que el ingreso a la escuela primaria cambia el nivel de exigencia y las dificultades del déficit de atención se hacen evidentes. Por eso insistimos en que el docente y la escuela son los principales detectores, incluso privilegiados, de este problema.

Desde pequeño mi hijo tuvo problemas de motricidad y presentó algunas conductas impulsivas. Como ya dije, me pa-

> Lamentablemente el TDA no es como una infección de garganta o como un dolor de muelas; no hay pruebas de laboratorio que lo detecten

recía que no era muy normal; estaba segura de que a su edad podría patear pelotas y reflexionar un poco más antes de actuar. Recuerdo un día en que se puso a jugar con una bolsa de viaje que encontró y que tenía mucho tiempo guardada. Dentro, para nuestra mala suerte, había un rastrillo. Tenía tres años y le pareció muy fácil rasurarse la cabeza. Afortunadamente entré en la habitación y me di cuenta del peligro a tiempo. Quedé aterrorizada por lo que había hecho, pero agradecida también de que no se hubiera lastimado.

> *Tu hijo no tiene nada. ¿Cómo es posible que te digan que tiene problemas de atención si es muy inteligente?*
>
> MADRE SOLIDARIA, PERO MUY DESINFORMADA

Roberto Tapia tiene 23 años y dos de haber sido diagnosticado con TDA. Recuerda que su paso por la escuela primaria fue muy tortuoso, ya que siempre se caracterizó por su rebeldía.

"Nada parecía salirme bien y todos dudaban de mi capacidad. Siempre que terminaba alguna tarea que me había costado mucho trabajo la ensuciaba o la olvidaba en casa; entonces, los profesores creían que era mentiroso y que en realidad no la había hecho. Estaba convencido de que nadie me quería. Mis esfuerzos no valían la pena porque nadie creía en mí. Todos los días prometía portarme bien, pero no podía. Trataba de ganarme la aprobación de mis compañeros comportándome como el bufón de la clase. Estaba tan etiquetado que un día un compañero inundó el baño de la escuela y me culparon a mí. Yo ni siquiera había ido a clases. Ahora estoy en terapia y tomo medicamento, y aunque fumo muchísimo no bebo ni una gota de alcohol porque me da miedo perder el control. Mi niñez me dejó una huella muy profunda".

El TDA presenta diversos grados de severidad; además, hay diferentes subtipos. Por tanto, es posible identificar pacientes que

> La mayoría de los niños con TDA se mantienen
> distantes de sus compañeros de escuela o juego
> ya que cualquier interacción social les provoca
> reacciones conflictivas

sólo tienen problemas de atención, otros que sólo son hiperactivos-impulsivos, hasta los casos más complejos: los que presentan una combinación de los dos anteriores.

Saúl Garza afirma que hay un grupo de niños que no tiene mayor problema conductual o académico. Está integrado por chicos suficientemente inteligentes, lo que compensa su problema. Pueden requerir apoyo terapéutico pero no farmacológico.

Vale la pena aclarar que no todos los niños con TDA requieren medicamento.

> Si el niño tiene la historia médica familiar y los síntomas, pero su relación social es aceptable, no requiere medicina. Por otro lado, puede haber un niño en quien la sola intervención terapéutica y familiar sea suficiente. Existe otro porcentaje que no responde a fármacos; sin embargo, más de la mitad de la población escolar con TDA se beneficia con medicamentos, terapias individuales y terapias familiares.

Los neurólogos y los paidopsiquiatras pediátricos coinciden en que el tratamiento farmacológico es extraordinario para el manejo de estos niños, aunque reconocen que el medicamento —que exclusivamente puede y debe ser recetado por médicos— por sí solo no basta.

"El fármaco", asegura Garza, "debe prescribirse de acuerdo con el perfil clínico del niño. No todos los pacientes responden a la misma medicina. Incluso, en ciertos casos podría acentuar los síntomas en el afectado. Hay que ser muy cauteloso. Administrar medicamento al niño con TDA ha de entenderse como parte del tratamiento integral en el que la gragea debe hacer equipo con una terapia familiar, una terapia del paciente y la intervención escolar. Esto nos dará un éxito de entre 85 y 90%".

Falta de atención, impulsividad e hiperactividad: los enemigos

A medida que avanzan las investigaciones en torno al TDA también se van puliendo sus definiciones. Según Sandra Rief, en su libro *La lista de* TDA *y* TDAH, para los principales expertos e investigadores en la materia el trastorno podría describirse de las siguientes formas:

- El TDAH es un trastorno del desarrollo caracterizado por grados distintos de distracción, exceso de actividad e impulsividad.
- Es una inmadurez neurológica de las áreas que controlan los impulsos, ayudan a seleccionar la información sensorial y centran la atención.
- Es un trastorno neurológico que se caracteriza por causar problemas para mantener la atención y realizar grandes esfuerzos mental para inhibir los impulsos, así como por niveles excesivos de actividad.
- El TDA es un trastorno que impide a la persona representar o expresar adecuadamente la información que ya conoce, o hacerlo coherentemente. A quienes lo padecen se les califica de *consistentemente inconsistentes*, ya que algunos días pueden hacer bien una tarea y otros no.

▶ Es un trastorno fisiológico que dificulta inhibir el comportamiento orientado a una meta, los impulsos y el autocontrol.

▶ Es un trastorno neurobiológico que causa un alto grado de variabilidad e inconsistencia en el desempeño general y los resultados correspondientes.

▶ Es un trastorno del desarrollo resultado de la baja actividad en el centro de atención del cerebro. Sus características surgen en la infancia temprana.

▶ Con el TDA el centro de atención del cerebro no funciona adecuadamente, lo que conduce al niño o a la persona que lo padece a tener problemas de rendimiento y productividad.

▶ Es un trastorno que causa un nivel excesivo de actividad, distracción, sensibilidad y exageradas reacciones emocionales.

Diagnóstico erróneo de TDAH

Los siguientes son síntomas que a veces llevan a diagnosticar equivocadamente el TDAH:

1. Nerviosismo o inquietud por aspectos emocionales.
2. Alteración del aprendizaje.
3. Tara o retraso intelectual o mental.
4. Inmadurez transitoria del sistema nervioso central.
5. Enfermedades hereditarias.
6. Reacciones temporales ante dificultades familiares o escolares.
7. Rebeldía.
8. Problemas irrelevantes que son superados con el paso del tiempo.
9. Resultados derivados de una mala crianza.
10. Manías.

Los padres que hemos enfrentado médicamente el padecimiento de uno de nuestros hijos sin duda hemos escuchado alguna o todas las definiciones anteriores. Y sabemos que los tres factores que se conjuntan son:

▶ Falta de atención.
▶ Impulsividad.
▶ Hiperactividad.

Curso del TDAH

Mi hijo tiene TDAH, ¿qué le va a pasar?

Lo más importante a considerar en el TDAH es hacer un diagnóstico correcto y oportuno, pues esto indudablemente otorgará al menor la posibilidad de un mejor futuro. El TDAH puede diagnosticarse desde los 12-36 meses de edad, lo que suponen excelentes posibilidades de mejoría. Por desgracia, la mayoría de los casos se diagnostica en la etapa escolar y, por una errónea interpretación de maestros y otros profesionales inexpertos, los niños sufren sin recibir tratamientos farmacológicos y ambientales adecuados.

En la adolescencia los problemas son mucho más graves y los efectos de los fármacos menos potentes, por lo que se entiende que los efectos y resultados ya no son alentadores. En la edad adulta, las opciones se reducen aún más. No obstante, siempre será mejor el futuro con tratamiento que sin él.

De 10 niños con TDAH (niños A) sin diagnóstico ni tratamiento apropiados, cuatro lo padecerán toda la vida (40%), cuatro más se verán afectados con algún otro trastorno (40%) y la sintomatología de dos disminuirá hasta ser imperceptible (20%). En contraste, de 10 pacientes diagnosticados y tratados adecuadamente (niños B), todos experimentarán una mejoría sintomática de 30 a 95%.

Algunas ideas sobre la atención

De acuerdo con la definición más elemental, la atención es la concentración mental en una situación u objeto determinados; implica la existencia de un estímulo que puede provenir del medio o del propio cuerpo del individuo. Cuando se centra la atención la percepción del objeto aumenta, adquiere mayor fuerza para quedar fijo en la memoria.

> *Deja de gastar en médicos y en terapias. Unas nalgadas en el momento del berrinche y problema resuelto.*
>
> VARIAS ABUELAS DE NIÑOS CON DÉFICIT DE ATENCIÓN

La atención tiene una serie de propiedades que permiten analizar su funcionamiento.

Amplitud: Todo lo que el individuo puede captar en cierto espacio. Por ejemplo, en una misma habitación hay personas que pueden captar más detalles que otras.

Intensidad o agudeza: La atención puede ser superficial o profunda. Según sea podemos captar elementos que no son tan evidentes.

Duración: El tiempo en que se puede mantener la atención; el cansancio tiene un papel destacado en este aspecto. Cuando se reitera un estímulo o la respuesta es automática es posible que se actúe sin la intervención de la atención.

De acuerdo con el doctor Arturo Mendizábal:

El sistema nervioso central (SNC) cumple varias funciones que, en general, pueden agruparse como inespecíficas y específicas. Las primeras comprenden el funcionamiento de las redes neuronales interconectadas a lo largo del cerebro, incluido el tallo. Las funciones específicas, por su parte, involucran sitios anatómicos más o menos delimitados y corresponden a funciones sumamente desarrolladas del cerebro. En el caso de las funciones inespecíficas, la actividad neuronal es global y poco modificable por la voluntad; en el segundo, las específicas, la voluntad ejerce mayor acción. Ejemplos de funciones inespecíficas son el estado de alerta y la atención. Funciones muy específicas corresponden al lenguaje, la actividad motriz y la concentración.

En términos simples, si el cerebro fuese un árbol de Navidad, la función inespecífica prendería focos de todos colores en todas las ramas, mientras que debido a la función específica el efecto sería únicamente en una región determinada y los focos serían de un solo color.

Ante la presencia de un estímulo (imagen, sonido, etcétera), el primer requisito para su captación y procesamiento es estar despierto (la función más inespecífica del SNC), ya que el estímulo debe entrar en el sistema por medio de la atención.

Una vez terminado ese proceso, el cerebro lo clasifica e interpreta mediante la percepción, la memoria, el afecto y otras funciones cerebrales complejas. Por ejemplo, para advertir una mancha oscura, de tamaño regular, que se mueve, emite sonidos y que se va acercando debo estar despierto para reconocerla.

Después, mi atención deberá asociar el conjunto de todos los estímulos citados; inmediatamente, la percepción, la memoria, el afecto y las demás funciones me harán saber que se trata de mi querido perro Waldo, que me da la bienvenida al llegar a casa.

Por lo anterior, resulta evidente que en el TDA los estímulos no los registra el sistema, lo que ocasiona que otras funciones no los procesen, ya que la falta de atención se presenta por breves lapsos.

Tipos de atención

Atención sensorial: El niño que sigue los movimientos de un globo o el sujeto que busca un objeto perdido despliega la atención sensorial, la cual pone en juego los sentidos.

Atención intelectual: Cuando el niño busca resolver un problema o comprender un texto despliega este tipo de atención. En las personas con problemas de aprendizaje suele presentarse un predominio del primer tipo de atención.

Atención espontánea: Es el tipo de atención que surge como resultado de un hecho sorpresivo. Este suceso puede provenir del medio externo o del interno.

Atención voluntaria: Este tipo de atención está dirigido por la voluntad, es decir, la iniciativa es del sujeto y no la atracción del objeto. Exige una concentración de todas las funciones mentales dirigidas al estímulo. El interés interviene con mayor énfasis en este tipo de atención.

Fuente: Fundación para la Asistencia, Docencia e Investigación Psicopedagógica, Buenos Aires, Argentina.

Si retomamos el ejemplo anterior, diremos que tal vez no me doy cuenta de que el perro está ladrando y me molesta, simplemente porque mi cerebro no lo ha registrado. Esto permite trazar la secuencia familiar en los niños con TDA: no captan lo que se les dice, el adulto se enfada y el niño no entiende la razón del enojo; o en una situación peligrosa, no registra las situaciones de riesgo y no mide las consecuencias; o bien, en una situación social no se da cuenta de que no es correcto interrumpir ·o reírse, lo que desemboca en un rechazo cuyas razones no alcanza a comprender.

> *Imagínemos vivir en un caleidoscopio de rápido movimiento en el cual sonidos, imágenes y pensamientos están en un constante ir y venir. Aburrirnos fácilmente, sin poder concentrarnos en las tareas que necesitamos cumplir. Distraídos por imágenes y sonidos sin importancia de manera que la mente lo lleva de un pensamiento o actividad al siguiente. Quizás estemos tan envueltos en un collage de pensamientos e imágenes que no nos damos cuenta cuando alguien nos habla. Esto es lo que significa tener déficit de atención.*
>
> NATIONAL INSTITUTE OF MENTAL HEALTH

Como hemos dicho, la concentración es una función sumamente específica porque en ella interviene más la voluntad. La capacidad que nos permite no distraernos de una actividad específica es una definición simple de la concentración. Por ejemplo, leer un libro, terminar una tarea, sostener una conversación y hasta seguir la trama de una serie de televisión. Los menores con TDA salvaguardan y compensan su problema básicamente mediante esta función.

Para que la concentración funcione es preciso que el chico esté motivado, aunque no sea por periodos muy largos (máximo, de 30 a 50 minutos). La mayoría de los tratamientos disponibles para este trastorno ejerce su efecto en este nivel. Un ejemplo es cuando los padres notan que el niño no tiene problemas con lo que le gusta o le conviene, y por eso llegan a poner en duda el diagnóstico.

La impulsividad

Se considera *impulsividad* a la incapacidad para tener presentes las consecuencias de nuestros actos y aplazar las gratificaciones. Los niños impulsivos son incapaces de planificar sus tareas y a menudo las presenten de forma sucia y descuidada. Pueden proceder a cambios frecuentes de una actividad no finalizada a otra sin previo aviso. Suelen sufrir más accidentes que el resto de los niños, son incapaces de esperar su turno, interrumpen constantemente y no pueden seguir las reglas de un juego.

El doctor Mendizábal afirma que la función de la corteza cerebral es inhibir los impulsos. En su acepción más simple, éstos son las respuestas internas del cerebro a los estímulos. Por ejemplo, al ver una manzana pensamos, sentimos, planeamos, emitimos juicios y desarrollamos un patrón organizado de secuencias motrices que nos acercarán o alejarán de ella.

Como se explicó en el diagnóstico de la hiperactividad, la falta de desarrollo de la corteza cerebral impide frenar los movimientos. De igual forma sucede con los impulsos. Por tanto, el niño ve la manzana y la toma de inmediato, sin considerar, por decir algo, que está en el escritorio de la maestra y, en consecuencia, no es suya; o quizás emite una opinión acerca de la apariencia de la manzana sin detenerse a pensar quién está escuchándolo.

En general, las personas coinciden en que la impulsividad implica la falta de reflexión acerca de lo que se está ejecutando. Por la lentitud en el desarrollo cortical, los menores muestran conductas no esperadas para su grupo de edad, las cuales producen nuevamente, rechazo social.

Una forma simple de ayudar a los niños con TDA a controlar la impulsividad es anticiparse a las reacciones que pudieran expresar; por desgracia, no siempre es posible evitar que respondan antes que nosotros. En esos casos hay que explicarle brevemente en qué consiste el error que cometió y cuestionarle sus motivos a fin de inducir el desarrollo adecuado de su corteza por medio de la reflexión acerca de sus actos.

La hiperactividad

La definición más simple de *hiperactividad*, de acuerdo con Mendizábal, es el aumento de la actividad motriz. Los síntomas que todo padre conoce cuando el menor se retira de la mesa a la hora de la comida, o del escritorio al hacer la tarea, o que mueve constantemente manos y pies, son causadas por la hiperactividad. Cabe mencionar la dificultad que el menor experimenta para controlar el aumento de su motricidad. La explicación de esta alteración se halla en el desarrollo de la corteza cerebral que, en estos casos es mucho mas lento, por lo que las conductas "inmaduras" generan mucha dificultad en los diferentes entornos del niño.

Un niño hiperactivo presenta movimiento constante e incansable. Este motor excesivo, sin aparente propósito, no puede ser controlado. El chico es incapaz de permanecer sentado, es impaciente e impulsivo y no le preocupan las consecuencias de largo plazo de su conducta, pues carece de visión de futuro.

Los niños con TDAH no toleran retrasos. No se dan cuenta de las causas ni de los efectos y culpan a otras personas de algo que ellos hicieron. Se enfocan en la gratificación inmediata y en recompensas momentáneas. No son pacientes. Tienen mucha energía corporal, movimiento constante de manos y piernas, emiten ruidos con la boca. Asimismo, pueden mostrar conductas antisociales como la destructividad, la agresividad, la desinhibición, el robo, el temperamento explosivo. Tienen gran dificultad para comprender las reglas y las prohibiciones. Generalmente, tienden al aislamiento y por ello se mantienen distantes de sus compañeros, ya que cualquier interacción social les provoca una reacción conflictiva y difícil.

Complicaciones del TDAH

¿Por qué si mi hijo y el del vecino tienen TDAH, el mío se porta tan mal y he batallado tanto con él?

El TDAH amenaza la capacidad de entender y responder al mundo; por tanto, los menores que lo padecen tienen una forma diferente de procesar la realidad, lo que los vuelve propensos a sufrir otros padecimientos relacionados con la conducta, las emociones y las capacidades de aprendizaje.

Cuatro de cada 10 niños con TDAH van a adolecer de otro problema. En orden de frecuencia, los padecimientos agregados son:

▶ Trastorno disocial: 40-70%
▶ Trastorno desafiante: 30-50%
▶ Abuso de sustancias: 30-50%
▶ Trastorno afectivo: 30-40%
▶ Trastorno de ansiedad: 20-30%
▶ Trastorno de personalidad: 25-30%
▶ Trastorno de aprendizaje: 20-25%

En el más frecuente, el trastorno disocial, los menores suelen atropellar los derechos de quienes los rodean, los roban, los lastiman o destruyen su propiedades sin asomo de culpa. En palabras de los padres: "no entiendo a mi hijo, parece que disfruta ser malo".

El trastorno desafiante consiste, en general, en retar a la autoridad y negar los actos cometidos; se presenta entre los seis y nueve años.

El abuso de sustancias complica gravemente al TDAH en la adolescencia y es común que las personas que lo presentan se involucren en actividades muy peligrosas.

El trastorno afectivo más frecuente es la depresión. Las complicaciones pueden orillar al menor a suicidarse. La edad en la que se presenta con mayor frecuencia es desde los ocho hasta los 18 años.

En la mayoría de estos casos, el trastorno de personalidad es resultado de un TDAH no tratado, y el tipo más frecuente es el antisocial.

Fuente: Arturo Mendizábal.

Es frecuente escuchar a padres decir que en casa el niño no tiene aceptarlo y dificultades; es más sencillo evadir la existencia del TDAH que aceptarlo y tratarlo.

La mejor forma de ayudar a que la corteza cerebral del área motora "madure" es fomentar en el niño actividades físicas limitadas en tiempo y espacio; por desgracia, padres y maestros suelen hacer lo opuesto: "como el niño es inquieto, asiste a clases de natación, futbol, karate, gimnasia... para que se canse y se le quite lo activo", asevera Mendizábal.

Hay que aceptarlo: se trata de un panorama difícil no sólo para los padres de familia, sino sobre todo para el chico que padece TDA.

"Tener un hijo con necesidades especiales es una tarea dura y a veces agotadora; sería bueno contar con el apoyo y la solidaridad de otras personas en las mismas circunstancias", expresa Marisela Gutiérrez, madre de Patricia, de 14 años de edad y a quien se le diagnosticó TDA cuando tenía 10.

Es reconfortante encontrar a otras personas que viven una situación similar porque no sólo nos permite aprender, sino también hablar con alguien que entiende nuestra frustración, nuestro enojo, nuestra inconformidad. Durante algún tiempo busqué desesperadamente un reflejo de Daniel en otros niños, pero al verlos y escuchar a sus padres casi siempre me topé con pared: eran niños sin problema alguno. ¿Cómo alguien iba a entender que yo aceptara o permitiera que mi hijo tuviera esos arranques de violencia? ¿Quién podía dejar de criticar a una madre cuyo hijo acaba de escupir e insultar? ¿Quién no pondría cara de sorpresa al ver a un niño lanzar sus objetos personales desde la ventana de un auto en marcha?

Las ocasiones en las que he podido hablar y escuchar a alguna mamá que tiene un hijo con déficit de atención me he percatado de que la catarsis es muy intensa.

"Es un alivio encontrar a alguien que no me critica ni me juzga por tener a un hijo con serios problemas de conducta, que nada tienen que ver con la forma en que ha sido criado", expresó tras un suspiro Elena Huerta, madre de Francisco, preadolescente diagnosticado con TDA.

Preguntas

No es fácil diagnosticar el déficit de atención, no hay una sola prueba que confirme su existencia. Por eso:

1. ¿Estamos seguros de que nuestro hijo tiene TDA?
2. ¿Le han realizado estudios médicos, neurológicos o alguna prueba psicológica?
3. ¿Estamos convencidos de que sólo con tratamiento médico, ayuda psicológica y, probablemente, alguna terapia familiar podremos ayudar a que nuestro hijo salga adelante?
4. ¿Aceptamos los prejuicios de las demás personas, incluidos los de otros miembros de nuestra familia?
5. ¿Hemos buscado apoyo de otros padres?
6. ¿Nos hemos acercado a la escuela para formar un verdadero equipo de apoyo para el niño?

Capítulo tres

La familia del niño
con déficit de atención

"No puedo más, me siento tan culpable de lo que le pasa a mi hijo que no soy capaz de permitir que enfrente las consecuencias de las cosas que hace", afirma Mariana Yuste, madre de Enrique, de nueve años de edad y diagnosticado con TDA, y de Lluvia, de seis años.

"Me siento tan cansada de repetirle una y otra vez que no haga esto o aquello, que mejor me di por vencida y ya no impongo límites a Emilio", dice Coral Bravo, madre de un niño de 10 años que padece TDA, y de Fernanda, de 12 años de edad.

Con tal de no discutir con Daniel, yo también he claudicado infinidad de veces. Simplemente es un niño que me agota. No sé si todos los chicos que padecen TDA son tercos, pero mi hijo lo es.

Es obsesivo: pregunta las mismas cosas más de 10 veces en menos de cinco minutos.

Una psicóloga me recomendó decirle: "Daniel, de una vez te voy a decir que sí o que no —según lo que el chico me pida— por todas las veces que vas a preguntarme lo mismo". Lo puse en práctica y funciona, pero no siempre. Él tiene una gran necesidad de escuchar mi respuesta la mayor cantidad de veces y en ocasiones creo que se debe a que eso representa el único puerto seguro para él.

Reproduzco un diálogo cotidiano:

—Ma, ¿mañana me dejas usar Internet a las 4:15?

—Claro que sí Daniel, mañana puedes usar Internet a las 4:15.

—Sí, ¿verdad?, mañana voy a usar Internet a las 4:15.

—Sí, ya te dije que sí.

—Oye, primero voy a hacer mi tarea y después, como a las 4:15, ¿me dejas usar Internet?

—Sí.

—Sí, mañana después de usar Internet a las 4:15 me voy a meter a bañar. ¿Voy a poder usar Internet mañana a las 4:15?

—Daniel, si me vuelves a preguntar lo mismo entonces no te voy a dejar usar Internet.

—Bueno, está bien, pero sí me vas a dejar usarlo, ¿verdad?

Así es todos los días. Y sólo reproduje una conversación relacionada con Internet, pero este tipo de diálogos se repiten con todas las cosas que lo obsesionan: la computadora, los cursos de verano, lo que hará el fin de semana siguiente.

Una característica clave de los niños con TDA es la autoestima deteriorada. Parte de nuestra responsabilidad como padres es ayudarlos a rescatarla.

"La falta de autoestima es resultado de muchas de las situaciones que estos chicos experimentan, como no poder concluir sus trabajos escolares al mismo tiempo que el resto de sus compañeros, su incapacidad para seguir instrucciones y la constante lucha de quienes los rodean por entenderlos y aceptarlos", afirma Colleen Alexander-Roberts, autor del libro de TDAH *Guía de TDAH para padres*, (*The ADHA Parenting Handbook*).

Ser "la carne de cañón" de unos padres frustrados y desorientados por su conducta es vivido por el pequeño de manera dolorosa. Estos niños escuchan diversas y no siempre agradables descargas por parte de sus papás y sienten rechazo —aunque como padres no lo hagamos evidente—, generalmente se ven como tontos, malos y problemáticos frente al resto de sus compañeros o hermanos. Esta falta de aceptación del medio familiar, escolar y social los lleva a actuar fuera de las reglas.

> *Los adultos no necesitamos un amor incondicional. Ésa es una necesidad infantil que más tarde ya no puede ser satisfecha.*
>
> MILLER

Muchas veces me da la impresión de que Daniel actúa con un cinismo bárbaro. Sobre todo en los momentos en que parecen no importarle las consecuencias de sus actos. Sin embargo, cuando en mi cabeza se reagolpan las imágenes negativas producto de su falta de responsabilidad e interés, las desecho de inmediato y cambio mi actitud de enojo hacia él y me pongo el traje de madre firme. Así es más fácil hacer que el chico reconozca sus errores y los enmiende. Comportarme de esta manera también evita que lastime más su autoestima.

Aunque suene repetitivo, lo más difícil como padres de un niño con TDA es aceptarlo y reconocer que nuestro hijo no es como el promedio de los chicos de su edad, ya que cuando logramos esto tenemos un mejor panorama. Por supuesto, lograr un estado de aceptación es sumamente doloroso y complejo.

Debemos estar conscientes de que su evolución dependerá de lo que las madres transmitan al niño sobre él mismo. Nuestra relación con los hijos, querámoslo o no, los marca para siempre. De la misma forma en que la relación con nuestra madre nos marcó a nosotros.

Alice Miller, en su libro *El drama del niño dotado*, afirma que al leer biografías de artistas famosos advertimos, por ejemplo, que sus vidas comienzan en algún punto más o menos cercano a la pubertad. El artista pudo tener una infancia "feliz", "dichosa" o "sin preocupaciones", o bien una niñez "llena de privaciones" o de "estímulos", pero la realidad de cómo se desarrolló en la infancia es algo que parece carecer de todo interés. ¡Como si en la infancia no estuvieran ocultas las raíces de toda la vida!

La aceptación de la madre es de capital importancia en el tratamiento de los niños con déficit de atención porque de eso depende la imagen que el niño tenga de sí mismo.

Conozco a un hombre de 65 años que tiene una enfermedad llamada *talidomina*. Físicamente es un hombre enjuto que tiene los brazos más cortos que el resto del cuerpo y una joroba que disminuye aún más su tamaño. Hoy goza de reconocimiento público y posee una autoestima muy superior a la de cualquier otro hombre sano.

Un día una periodista le preguntó que si sus defectos físicos lo habían afectado de manera negativa alguna vez en la vida. Él respondió que no, que de ninguna manera, que estaba convencido de ser un hombre muy valioso y lleno de virtudes gracias a que cuando era pequeño todas las noches su madre entraba a su cuarto, lo acariciaba, le decía que era el niño más maravilloso del mundo y después le leía un cuento.

Los hijos son una extensión de nosotros y si nos aceptamos como somos, entonces los aceptaremos también a ellos; si nos sentimos seguros, también ellos estarán seguros.

Mi experiencia materna con Daniel empieza a mejorar hasta ahora, después de recibir ayuda profesional durante muchos

> Los niños con TDA se perciben a sí mismos como tontos, malos y problemáticos frente al resto de sus compañeros o hermanos

años. Al principio, como todas las madres, me angustiaba y lloraba preguntándome qué había hecho mal para que mi hijo fuera "tan raro". Me sentía culpable pero también víctima de la vida por no haberme regalado un hijo que cumpliera los requisitos de la excelencia. Yo quería un hijo no sólo normal, sino perfecto.

Después de algunos meses de que Daniel asistiera a terapia psiquiátrica, el médico nos mandó llamar a Guillermo, mi esposo, y a mí y sin tapujos nos pidió quitarle a nuestro hijo el peso que cargaba de nuestras expectativas.

"Yo no sé cuáles serán sus problemas personales y matrimoniales, eso lo tendrán que trabajar ustedes, pero Daniel es mi paciente y el niño además del déficit de atención tiene un problema que se llama 'mis padres hubieran querido que yo fuera...'".

Esa llamada de atención me llevó a reflexionar sobre lo que le estaba dando y, por ende, lo que le estaba pidiendo que me diera. Desde entonces me dispuse a trabajar en mi relación con Daniel. Lo primero que modifiqué fue someterlo a situaciones en las que se estresara y se sintiera infeliz; por ejemplo, asistir a la práctica de basquetbol. Curiosamente, las tardes de los lunes y los jueves, se sentía mal del estómago, justo los días de entrenamiento. Sus problemas de motricidad lo convertían en el blanco de críticas de los demás y de las constantes reclamaciones del entrenador: "Daniel, presta atención", "fíjate", "ya te volviste a equivocar", "bota bien la pelota", "corre", "no bebas agua", "no hables", "espera tu turno", etcétera. Qué necedad la mía al insistir en tener un hijo deportista.

Aprendí que aceptar la condición "diferente" del niño me permitía ser más congruente, ya que mis expectativas eran objetivas. "Tengo que educar al Daniel real, no al que yo hubiera querido tener", me repito todos los días.

También dejé de pensar cosas que me taladraban la cabeza: "Soy una mala madre y por eso el niño es así", "todo lo que hace mal este niño es por fastidiarme". No hay nada más falso que cualquiera de estas dos aseveraciones. No tengo la culpa de su déficit ni el niño me quiere molestar portándose mal.

El doctor José Bauermeister, en su libro *Estrategias de apoyo para los niños con trastorno de déficit de atención en el hogar y en el ámbito escolar*, reconoce que, cuando el niño con TDA provoca situaciones difíciles y nos sentimos desesperados, perdemos también la perspectiva de que se trata de un niño con una limitación y falta de habilidad para autorregular su comportamiento en la forma deseada.

Es necesario, recomienda Bauermeister, esperar respuestas variables en los logros del niño y lapsos ocasionales donde su comportamiento no parece responder a ninguna de las estrategias empleadas. "Esto es un reflejo precisamente de la falta de habilidad del chico para autoregularse, no importa cuán excelente y sacrificado sea su manejo", explica.

Respuestas positivas frente a un niño con TDA

1. Los niños con déficit de atención necesitan tener más consecuencias positivas que el resto de los niños para obtener el comportamiento deseado.
2. En cuanto se presente el comportamiento deseado hay que responderles y hacerles ver que esa conducta es percibida positivamente.
3. Es necesario reforzar los pequeños pasos que lo llevan al comportamiento que deseamos y no es-

perar hasta que llegue la conducta anhelada para reconocerle.

4. Destacar lo positivo y no dejarnos llevar por la tendencia a criticar o regañar más que reconocer y reforzar.

María Castillo, madre de Andrea, de 14 años de edad y con TDA, de Mauricio, de 12 años, y de Daniel, de ocho, relata que lo más arduo son las situaciones en las que Andrea la mete en apuros.

"Ya entendimos que la niña tiene un problema y lo estamos atendiendo. Sin embargo, la falta de atención de mi hija la ha convertido en la burla de sus compañeros y su amor propio está muy lastimado. Cree que es tonta, se desespera consigo misma y entonces empieza a perder el control de la situación. Generalmente acaba llorando, regañada y muy emberrinchada".

Quiero que te entusiasmes con quien eres, con lo que eres, con lo que tienes y con lo que puedes llegar a ser. Quiero alentarte a que veas que puedes llegar mucho más allá de donde estás ahora.

Satir

Estoy convencida de que la culpa que sentimos por tener un hijo con TDA nos impide actuar con eficacia cuando estamos frente a un berrinche o a una escena como las que se han descrito. Lo mejor para el niño es saber que la autoridad somos nosotros, sus padres, y que las reglas son las reglas. No es cosa fácil. Los especialistas ofrecen una gran cantidad de recomendaciones, los libros, otras tantas opciones, pero en el momento de estar frente a un niño que escupe, arroja cosas por la ventana, patea las espinillas de la madre o se golpea la cabeza contra la pared, la vista se nos

> **Especialistas recomiendan no pasar por alto
> que éstos niños tienen ciertas limitaciones de
> desenvolvimiento social que provocan episodios
> estresantes y de ruptura**

oscurece y lo que menos se nos ocurre es actuar con calma. ¡Si no lo sabré!

Arturo Mendizabal aconseja:

> Los niños con TDA deben tener límites firmes y constantes, no rígidos. La rigidez no sirve, pero la firmeza sí. Los límites han de ser claros, sin retórica. Por ejemplo: "no subas los pies", "siéntate bien", "bájate de la mesa", "no pongas eso ahí". Deben ser precisos, concisos y muy claros.
>
> Si hay padre y madre en casa, ambos deben saber las reglas y las consecuencias cuando son violadas. Así, si el niño actúa de manera poco apropiada, los dos reaccionarán de la misma forma.

"He aprendido a ser clara y precisa con mi hijo Juan Carlos, de 11 años, diagnosticado con déficit de atención. Cuando le voy a dar una indicación me aseguro siempre de que me está prestando atención. Le explico paso a paso lo que le estoy pidiendo y tiene que repetírmelo. Se cansa de tanto escucharme, pero es la única manera en que puede seguir instrucciones y terminar las cosas", expone María Elena Arias.

"Las psicólogas y los libros que consulto recomiendan escribir y pegar sobre las paredes las indicaciones que debe seguir mi hijo Pablo, de nueve años, con TDA. Sugieren tener cartulinas con las obligaciones del niño, con sus tareas, por ejemplo. Lo único que me funciona es andar detrás de mi hijo para que termine las cosas.

Sin embargo, ya no le grito ni me desespero como antes. Pablo heredó de mí el trastorno y recuerdo que el sistema que seguían mis padres era el del zapatazo y el grito. Hay que tener paciencia para no dañar la autoestima. Mis padres me la pulverizaron con sus amenazas, gritos y regaños", relata Patricia Rojas.

Bauermeister recomienda utilizar una comunicación afirmativa con los niños que padecen el trastorno. Es decir, clara, razonable, directa y respetuosa. No hay que temer ejercer la autoridad, pero tampoco debemos humillar, agredir o faltar al respeto a los niños.

Cuando algún adulto olvida una cita, fuma demasiado por ansiedad o se deja llevar por algún impulso, ¿cómo reaccionamos? En general, de manera muy respetuosa: planeamos un nuevo encuentro si la cita era con nosotros; hablamos sobre los riesgos del cáncer o le sugerimos de manera sutil que debe controlar sus reacciones.

Entonces, ¿por qué a los niños que padecen TDA los maltratamos tanto? Creo que se debe a que su comportamiento cuestiona nuestro papel como padres o como maestros —en el caso de la escuela—, porque no sabemos controlarlo y tampoco sabemos recibir con brazos abiertos lo poco o mucho que estos niños pueden darnos.

"Con frecuencia los padres de niños con TDA vemos sólo la parte negativa de la realidad. Si constantemente nos escuchamos diciendo 'no...', pongamos un alto a esa actitud que nos impide aquilatar las cualidades de nuestros hijos. Estos niños casi siempre son sensibles, creativos, simpáticos, solidarios y muy generosos", afirma Susana Álvarez, madre de dos niños de nueve y siete años, ambos con déficit de atención.

Es importante definir las reglas, las consecuencias y los premios, ya que pareciera como si estos chicos quisieran siempre estar metidos en líos. Beatríz Magañon, psicóloga infantil, comenta:

A pesar de los esfuerzos de la madre y el padre por explicarle las reglas, el niño no las obedece y simula sorprenderse cuando lo castigan. Para evitar ese problema hay que cerciorarse de hablar con él al respecto. Luego escribir las reglas y asegúrarnos de que el niño las haya entendido. Hay que definir frente al chico lo que se va a entender por cada regla. Por ejemplo, al pequeño no le dice nada 'debes ser ordenado'; es mejor decirle 'limpia tu habitación', 'recoge tus juguetes', 'coloca la ropa sucia en el cesto', etcétera.

Para mí ha sido casi imposible seguir las recomendaciones de los libros. Daniel me desespera y, además, tengo muchas otras cosas que hacer, aparte de cuidar su autoestima. Tengo una hija que se ha visto afectada por los problemas del hermano, una casa, un marido y un trabajo. Sin embargo, me doy cuenta de que me complico más de lo debido.

Casi nada en la vida de un niño con déficit de atención es estable. La unión de sus padres lo debe ser. El matrimonio le sirve mucho al niño y nunca debe ser sacrificado.

WARREN

Cierto, a Daniel hay que vigilarlo muy de cerca, sobre todo para evitar que haga cosas que puedan lastimarlo, pero tampoco es necesario estar como sargento, parada fuera de su habitación, esperando para reclamarle. Lo mejor sería retirar de su camino todo lo que pueda causarle daño: tijeras, medicinas, productos químicos, utensilios que puedan cortarlo y siempre estar muy pendiente de que las ventanas estén perfectamente cerradas. Crear un ambiente estructurado y muy bien organizado para el niño. Ni modo, así tiene que ser: somos madres de niños que no son como la mayoría.

También es importante anticiparse siempre a la conducta inadecuada del niño para evitarla. A Daniel, por ejemplo, lo frustra mucho cuando Lucía no quiere jugar con él y entonces pelea con ella. Lo que me ha funcionado muy bien es evitar que lleguen al conflicto. Cuando no logran ponerse de acuerdo respecto a lo que van a jugar, intervengo y los separo. Cada uno se va a una habitación. Muchas veces eso los hace ponerse de acuerdo antes de tener que abandonar la recámara donde planean jugar.

En otras ocasiones, cada quien hace lo que quiere y después de media hora ya están jugando tranquilamente. Esta anticipación impide la llegada del impulso de Daniel y el llanto quejoso de Lucía: "mamá ya no aguanto a este niño, me pegó".

"Me resistía a poner bajo llave los muebles donde guardo jabones, champú, medicinas y demás porque Javier, de 10 años y diagnosticado con TDA, de repente decidía hurgar por ahí. La última travesura que hizo fue ponerse agua oxigenada en las uñas. Cuando me di cuenta lo regañé y le advertí que eso era peligroso, que un día se iba a tomar una botella de destapacaños, y él inocentemente me dijo: 'es que no encontré nada para el dolor y pensé que esto sería bueno'", narra Clara Campos, madre de Javier y de Carla, de siete años de edad.

Efectos en la familia del niño con TDA

Mi familia, y la mayoría de las familias con las que he hablado se han visto muy afectadas por este trastorno infantil. Incluso un buen porcentaje se ha desintegrado. La culpa, los reclamos, la falta de comunicación y de acuerdos, así como la energía que se requiere para convivir con un niño que padece déficit de atención son elementos que alejan mucho a las parejas. El niño que tiene TDA es la válvula de escape de muchos otros desacuerdos.

"Mi marido me culpa por el déficit de atención de Luis, que tiene ocho años de edad. Dice que a ese niño le falta que yo pase más tiempo con él. Estoy todas las tardes con mis hijos, sólo trabajo por las mañanas, los llevo y voy por ellos a la escuela, llevo a Luis a terapia y me siento a hacer la tarea con él. Francamente no sé qué más atención podría darle", afirma Alejandra Castelazo, madre de Luis, de Dania y de Elena.

"Roberto, mi esposo, y yo no nos hemos separado porque mi hija Sofía, quien padece TDA, sufriría mucho, más de lo que lo hace por nuestros problemas. Nunca nos ponemos de acuerdo. Si yo digo que sí, él dice que no; si yo digo blanco, él dice negro, si yo llamo la atención a la niña, él inmediatamente llega a apoyarla como si yo fuera su enemiga. La situación es simplemente insostenible, pero Sofía adora a su padre y tengo que pensar en eso", comenta Sofía Buenrostro, madre de Sofía, de nueve años de edad, y de Valentina, de cinco.

"Mi hijo Alfredo se da cuenta de que todos los conflictos entre su padre y yo se deben a que no nos ponemos de acuerdo sobre la forma de tratarlo. Cada vez que empezamos a discutir corre a refugiarse en el baño de su habitación", relata Marielena Carmona, madre de Alfredo, de nueve años, y de Rodrigo, de siete.

Toda la familia se ve trastornada por el déficit de atención de alguno de sus miembros. Si hay hijos menores, éstos creen que no son queridos ni apoyados; además, están cansados del infierno que supone vivir con hermanos como los que tienen.

"Mamá, siento que mi papá quiere más a Daniel que a mí", me confesó Lucía una mañana. "Mi vida, estás equivocada", le dije. "Lo que sucede es que tu hermano es un niño diferente de los demás que requiere atención especial. Pero papá te adora".

Lucía me ha manifestado ese sentimiento de abandono muchas veces y lo mejor fue llevarla también a terapia. La ventaja

> **Los niños con TDA requieren de mucho más estímulos de reconocimiento en comparación con aquellos sin el padecimiento**

de todo esto es que la niña tiene muy claro lo que siente y puede expresarlo. Pero no es ella la única que se siente desbordada por el hermano. Guillermo y yo también estamos afligidos y, a veces, somos incapaces de dar a nuestros dos hijos lo que necesitan, pero cuando es necesario ponerse el disfraz de adulto "hay que tomar al toro por los cuernos", como reza el dicho.

Aprendamos a manejar su comportamiento

De acuerdo con paidopsiquiatras, psicólogos y maestros, es posible modificar la conducta del infante si logramos manejarlo de forma adecuada. Para ello es importante establecer las conductas esperadas, darle la oportunidad de tomar una decisión respecto a su conducta y hacerlo responsable de las consecuencias que sufrirá en caso de romper las reglas.

Es importante tener siempre presente que nuestra meta es ayudar al niño a llevar una vida social, académica y familiar que le permita desarrollarse con plenitud.

"No hay que olvidar que no queremos que nuestro hijo con TDA sea como los demás, ni como los padres y maestros creen que el niño debería ser", apunta Paul Warren en su libro *Tú y tu hijo con TDA* (*You & your ADD child*).

Un aspecto que hay que considerar, si aspiramos a manejar adecuadamente la conducta del niño, es ofrecerle un ambiente familiar —y de ser posible escolar— bien estructurado. Es decir, donde las reglas y los límites estén establecidos con absoluta claridad y el niño sepa hasta dónde se le permite llegar.

Desenvolverse en un ambiente estructurado facilita al niño comprender cuáles comportamientos son adecuados y anticipar las consecuencias que podría tener el no portarse de manera acorde con la situación.

Rocío Torres, madre de María Luisa y de Fabiola, de 10 años de edad, narra la anécdota siguiente:

"Un día estábamos en el consultorio del dentista y la enfermera ya había dicho a mi hija María Luisa, de 12 años, diagnosticada con TDA, que tenía que dejar de tocar todo lo que estaba sobre la mesa de trabajo del doctor. Aparentemente, la niña entendió y dejó de hacerlo. Dos veces más insistió en tocar lo que no debía, pero a la tercera el doctor habló seriamente con ella y le dijo que ya no podría atenderla si no respetaba lo que no debía tocar.

La niña insistió con su conducta desafiante hasta que en una ocasión el dentista ya no aceptó revisarla. Obviamente, yo ya había hablado con él y llegamos al acuerdo de que le diría eso si insistía en tocar su instrumental y sólo cuando hubiera terminado con el tratamiento dental.

Ella no sabe que ya finalizó la primera etapa, pero le hicimos creer que el doctor ya no la verá más. La siguiente fase del arreglo de sus dientes le toca al ortodoncista, pero ella cree que es un nuevo médico porque el anterior ya no quiere atenderla por haber desafiado la regla. Es una pena engañar así a mi hija, pero sólo de ese modo entendió".

Ni duda cabe que en el TDA lo que le funciona a una madre puede no funcionar a otra. Warren sugiere que para contribuir a lograr el objetivo de facilitar al niño una vida emocional, social y académica óptima es bueno, a modo de prioridad, modificar el medio del pequeño. A veces unos simples cambios pueden ayudar mucho; es decir, desde la forma como el niño se sienta a hacer la tarea hasta cómo tiene arreglados sus cajones.

Por ejemplo, los niños con TDA no necesariamente tienen que sentarse derechitos a la mesa a hacer la tarea. Esto sería lo óptimo, pero en su caso es difícil. Tal vez nuestro hijo se siente mejor tumbado en el suelo con libros y lápices regados a su alcance.

A otro niño puede funcionarle hacer la tarea con un poco de música suave. No podemos esperar que actúen o hagan las mismas cosas que hacen los otros niños.

Por ejemplo, Lucía, mi hija, necesita estudiar en silencio. Daniel, en cambio, deambula por toda la casa leyendo en voz alta sus resúmenes.

Respecto a las conductas que deseamos que nuestro hijo modifique, debemos estar muy conscientes de que si es difícil que un niño sin TDA comprenda ciertas cosas, en el niño que lo padece el trabajo y esfuerzo serán mayores. Por eso es importante concentrarnos verdaderamente en lo que queremos que cambie y no atiborrarlo de instrucciones. También hay que estar muy atentos a que el pequeño capte a la perfección el mensaje que queremos transmitirle.

"Yo me pongo a la altura de los ojos de mi hija Daniela, de nueve años, con déficit de atención, y hago que me repita la instrucción con las palabras que utilicé y después con las suyas. Además, me he dado cuenta de lo necesario que es dar seguimiento a las instrucciones que impartimos. Así, si le pido que guarde las muñecas en el cajón asignado para ello no la dejo en paz hasta que están guardadas. Con estas medidas trato de ayudarle a que se concentre en lo que le estoy diciendo", explica Luz Elena Pasquel, madre de Daniela y de Elena, de cinco años de edad.

De acuerdo con la psicóloga Gabriela Galindo y Villa Molina, en su ensayo "Trastorno por déficit de atención y conducta disruptiva", cuando se trabaja con estos niños en una situación de relación uno a uno, donde el adulto centra toda la atención en su conducta y mediante instrucciones verbales va dirigiendo su actividad para que la conducta del chico obtenga continuidad, éste puede responder en forma favorable y desempeñarse como corresponde.

Galindo expone:

> Los niños con déficit de atención carecen de la facultad psicológica de planear, organizar, autorregular su comportamiento, inhibir respuestas inadecuadas, analizar con propiedad todos los elementos presentes en el contexto para elaborar un juicio y decidir lo que se debe o no hacer. El niño con TDA tiene el potencial para elaborar el razonamiento y el juicio necesarios para resolver problemas propios de la etapa de desarrollo en que se encuentra; en general, su capacidad intelectual está dentro de los límites de la normalidad, pero es precisamente su deficiencia de atención lo que da lugar a que su funcionamiento en la vida cotidiana sea inferior a lo esperado.

¿A quién no le gusta el reconocimiento?

No conozco a persona alguna a la que no le guste ser reconocida. En el caso de los niños con déficit de atención, la necesidad de ser halagados por cualquier cosa que hayan hecho bien se multiplica. Y es que su autoestima está tan herida que ni ellos mismos están convencidos cuando actúan adecuadamente.

Cambié mi táctica con Daniel y sí funciona. El niño estudia piano y le gusta mucho, pero como sabe que tiene problemas de coordinación se desespera muy rápido y prefiere no practicarlo. Antes lo regañaba y le decía: "Daniel, deja de estar jugando con el piano y toca bien", no me daba cuenta de que en verdad el niño se esforzaba pero que simplemente no podía hacerlo mejor.

Un día tuve la oportunidad de ver su clase sin que él ni su profesor lo notaran y me percaté de la manera tan positiva en que el maestro lo estimulaba: "ándale Dany, tú puedes, claro que puedes, tienes manos perfectas para tocar el piano. Repítelo una y otra vez hasta que te salga", lo corregía pacientemente.

Los miércoles, el día de la clase de piano, Daniel se quedaba tan entusiasmado que practicaba incluso después de la clase. Desde entonces decidí aplaudirle, pedirle que me mostrara sus avances y he comentado con Guillermo lo bien que va Daniel en su práctica con el piano.

Lucía —un verdadero ángel en la vida de mi hijo— también le da muchos ánimos. Pero para el niño lo más importante es mi reconocimiento. Desde que se lo demuestro practica un rato todas las tardes y hay una mejoría notable en su relación con ese bello instrumento musical.

A un niño con TDA hay que darle pocas instrucciones pero que sean claras y concretas.

MENDIZÁBAL

"Toda la falta de atención de mi hijo en la escuela y su torpeza para lo académico lo llevaron a volcarse en el estudio de las plantas. A sus 12 años sabe muchísimo. En casa lo estimulamos y cada vez que salimos de viaje le traemos alguna semilla del lugar que visitamos para que la plante en el huerto que tiene en el jardín.

Es realmente bueno para eso. De hecho, en alguna ocasión, le pidieron en la escuela que diera una plática en el taller de Biología de secundaria y estaba emocionadísimo. Recuerdo que me dijo: 'mamá, no soy tan tonto'. Todo el apoyo que le hemos dado le ha ayudado a centrar su energía en este tema y se siente muy importante y conocedor", relata Victoria Luviano, madre de Pedro, de 12 años, diagnosticado con TDA, Juan Francisco, de 10, y María Nieves, de siete.

Bauermeister señala que el comportamiento de estos pequeños está influido por las gratificaciones agradables e inmediatas que reciben de otras personas. Éstas pueden ser reconocimientos, algún privilegio u objetos tangibles que se le deben dar en el momento mismo de la conducta deseada. La espera es algo que no entienden los niños con déficit de atención, pues su sentido del tiempo funciona diferente.

Los padres de niños y adolescentes con el trastorno debemos de retroalimentarlos todo el tiempo y ser una fuente constante de confianza y autoestima. Estos infantes necesitan, en primer lugar, el amor y la aceptación incondicional de sus familias, necesitan paciencia y tolerancia; también requieren sentir que no son deficientes frente a nuestros ojos y que les permitimos tomar parte de las decisiones importantes de la familia.

"Cuando vamos de vacaciones, mi hijo Alfonso, de 13 años diagnosticado con TDA, es el guía de la familia. De esta forma lo hacemos sentir muy importante", afirma Sara Cymet, madre de Alfonso y Deborah, de 10 años.

Sandra Rief sugiere a los padres con niños que tienen déficit de atención tratar a sus hijos con dignidad y respeto; ofrecerles apoyo y aliento, atención y retroalimentación positivas, escucharlos, dedicarles cotidianamente tiempo especial —que pueden ser 10 o 15 minutos para hablar y escuchar—. "Mucha reafirmación y refuerzo de la autoestima. Que los padres se enfoquen en los problemas reales y den poca importancia a los menos críticos. Ofrecer recordatorios, apoyo e impulso sin regaños, sin críticas y sin sarcasmos".

Es cierto que los padres que tenemos niños con TDA debemos emplear todos los recursos que la imaginación nos permita para tratarlos de manera correcta y no hacerles daño. He leído muchísimo material sobre el déficit de atención, voy a una terapia, tengo una estrecha relación con el paidopsiquiatra de mi hijo y con sus maestras, pero las conductas de Daniel muchas veces me desconciertan. Lo aceptemos o no, estos chicos son imprevisibles.

Hace poco íbamos en el auto y se le ocurrió pedirme dinero; yo no traía mi bolsa y le dije que no tenía y que después se lo daría. Insistió durante todo el trayecto y venía reprochándome por no tener ni una moneda de cinco pesos. Llegamos a nuestro destino, Daniel se bajó furioso del automóvil y empezó a golpear los vidrios; como no le hice caso se enojó más y más hasta que me bajé del auto, lo jalé del brazo y lo retiré del lugar. Esperé a que abrieran la puerta del consultorio médico para que entrara y me fui. Cuando regresé por él hablamos como si nada hubiera pasado.

El médico que le da la terapia me ha recomendado que contenga físicamente al niño, quien en su fuero interno lo pide a gritos. El problema es que Daniel es muy alto y no es tan fácil controlarlo. Lo que me ha funcionado en esos momentos es la empatía. Ponerme en sus zapatos, comprender que genuinamente no puede controlarse. No le permito que lastime a nadie pero a veces no puedo evitar que sea grosero conmigo.

Con Daniel —y creo que nos pasa a todas las madres que tenemos un hijo con TDA— mi sentido del respeto entre padre e hijo se ha modificado de manera notable. Durante muchos años ese fue mi conflicto principal y creo que es la razón por la que las madres nos sentimos culpables.

Siempre pienso: "si yo le hubiera contestado a mi madre de la manera como Daniel a veces lo hace, me habría roto la boca o habría sido castigada sin salir de mi cuarto por el resto de mis días". No es exagerado lo que digo. Cuando no sabía mucho sobre el déficit de atención las reacciones de mi hijo me sacaban de equilibrio y siempre terminaba culpándome.

"Este niño no tiene límites, no me respeta. Si a mí me trata de esta manera que soy su madre, ¿qué debo esperar?", era mi diálogo interno. Enfrentar su rebeldía, su impulsividad y sus excesos emocionales me tuvieron en jaque durante mucho tiempo. Hoy que recuerdo aquellos días me doy cuenta de lo importante que es apoyar a estos niños, quienes tienen una vida interior infernal.

"Lo que me cuesta más trabajo manejar con mi hija María, quien tiene TDA, es su rebeldía y la apatía con la que ve el mundo. Todo le da pereza y cuando le pido hacer las cosas, simplemente me contesta que no y se va. Mi esposo y yo hemos aprendido a manejar los límites y las consecuencias de su rebeldía, pero esta criatura parece no sentirse afectada en lo absoluto. Tenemos muy claro que el camino es largo todavía y que en el futuro cosecharemos todo lo que estamos sembrando", asegura Ivette Cárdenas, madre de María, de 12 años de edad, y de Teresa, de nueve.

Los castigos

Ana María Castellanos, psicóloga infantil que trata también con varios pacientes con TDA, asegura que los castigos —de ninguna forma físicos— pueden ser una buena estrategia de apoyo para los padres de familia sólo si los utilizan para complementar las consecuencias positivas. Es decir, siempre deben ser la excepción.

Cada familia tiene su modo de operar pero yo he visto que cuando hay firmeza en las consecuencias y en los límites, los niños con TDA suelen ser menos difíciles de manejar. Es importante no amenazar pero sí actuar en el momento preciso. Al niño hay que dejarle establecido con claridad lo que no se le va a tolerar. Hay que decírselo una sola vez. Si rompe la regla hay que actuar en ese instante.

10 claves para que los padres tomen el control

1. Dígale al niño lo que quiere que haga y no lo que no quiere.

2. Sea específico acerca de los comportamientos que espera de él. En lugar de decir "qué buen niño eres", es mejor decir "me gustó mucho que ayudaras a tu hermana".

3. Hay que modelar el comportamiento que deseamos, éste no va a llegar solo.

4. Recompensar con halago social y contacto físico. Se debe evitar el uso de los castigos físicos aunque el niño se ponga agresivo con nosotros o con los demás.

5. No esperar grandes cambios en la conducta del niño. Cuando ellos hacen algo incorrecto, inmediatamente se arrepienten y prometen no volver a hacerlo. Es importante no sentirse frustrado ni regañarlo por no haber cumplido su promesa.

6. Retirar la atención hacia algunos comportamientos inapropiados, pero prestar atención al comportamiento que estamos tratando que el chico elimine.

7. Recompensar el comportamiento adecuado.

8. Premiar de inmediato las conductas esperadas y, en caso contrario, cumplir la consecuencia de manera inmediata.

9. Cumplir las consecuencias y evitar las amenazas.

10. Usar castigos leves para las conductas que no nos gustan.

Fuente: Grad. L. Flick, ADD/ADHA *Behavior-change. Resource kit. Ready to use strategies & activities for helping children with Attention Deficit Disorder*, Prentice Hall. Simon & Schuster Company, Nueva Jersey.

Los golpes y las reacciones físicas violentas no funcionan con los niños con TDA. Los especialistas recomiendan quitarles ciertos privilegios a los que tienen derecho o enviarlos a algún lugar de la casa en donde estén solos algunos minutos. Recomiendan que el tiempo de aislamiento sea de un minuto por año de edad. Si tiene ocho años, se le deja solo en un lugar durante ocho minutos.

De acuerdo con la documentación divulgada por la Fundación Dahna (www.dahna.org.):

> Una técnica llamada *charting* —que significa, aunque no literalmente, estar muy atentos— es a menudo el primer paso en cualquier programa de modificación de comportamiento. Requiere que los padres definan específicamente el comportamiento que les preocupa para que pueda ser observado y tomado en cuenta.
>
> El *charting* hace que los padres estén más al pendiente de su propio comportamiento y que los niños lo estén ante un comportamiento problema. Se les anima a dedicar de 10 a 15 minutos diarios como 'tiempo muy especial'. Los padres usan este tiempo para dedicarse a estar con el niño, atender lo que está haciendo, escuchándolo y proporcionarle retroalimentación positiva ocasional.
>
> A los padres se les enseña cómo usar con eficacia el refuerzo positivo atendiendo al comportamiento positivo de su hijo e ignorando, dentro de lo posible, la conducta negativa. También se les enseña a disminuir el comportamiento inapropiado mediante una serie de respuestas progresivamente más activas: ignorando la conducta negativa, enseñándole a enfrentar las consecuencias naturales como no comprar un juguete nuevo para remplazar otro que fue dejado bajo la lluvia.
>
> Consecuencias lógicas, como eliminar tiempo dedicado a ver la televisión si el niño sale de la habitación sin apagarla; y tiempo fuera. El término *tiempo fuera* supone tener al niño sentado y quieto en un lugar designado durante algunos momentos después de haberse

portado mal. Los padres aprenden a dar órdenes e instrucciones que puedan entenderse y ser atendidas por el niño con TDA.

Una madre afligida preguntó al psicólogo de su hijo qué hacer cuando el niño reconocía su error, mostraba gran arrepentimiento y ofrecía disculpas una y otra vez; ¿había que seguir o no con la consecuencia? El especialista le respondió: "claro que sí. Usted puede aceptar todas las disculpas del mundo e incluso abrazar al niño, pero la consecuencia tiene que seguir adelante. Solamente así ayudamos al chico a controlarse".

Suena fácil, pero cuando una madre se enfrenta a un niño con los ojos llenos de lágrimas que pide disculpas, el corazón se encoge y dan ganas de no aplicar o quitar el castigo. Yo creo que ahí depende de cada caso y del grado de impulsividad del niño.

Daniel empezó a tener problemas en la escuela desde primero de primaria; desde entonces, todos los años fueron muy difíciles, pero logramos evitar una expulsión. Cuando llegó a cuarto grado y arribó a una preadolescencia prematura, se comportó terriblemente rebelde en la escuela. Era retador, y creo que las maestras ya lo tenían en la mira. Todo el año escolar estuvo amenazado, aunque estábamos erróneamente convencidos de que la expulsión no llegaría.

Sin embargo, llegó. A Daniel no le dieron reinscripción para quinto grado. Fueron dos meses de tortura para el chico antes de saber la respuesta definitiva por parte de la escuela. No dormía bien, estaba malhumorado, la incertidumbre era enorme. Su tera-

> Debemos ejercer nuestra autoridad con firmeza y no con rigidez. Los niños con TDA no responden correctamente a las amenazas, pero sí lo hacen ante situaciones de disciplina constante

peuta nos pidió que se le diera públicamente la noticia. Es decir, frente a las directoras, las coordinadoras y sus maestras; que el niño debía darse cuenta de que los muros de contención que son las estructuras escolares no deben romperse porque las consecuencias son irreversibles.

> *Cuando me acerco a un niño, me inspira dos sentimientos: ternura por lo que es y respeto por lo que puede llegar a ser.*
>
> PASTEUR

Guillermo se resistió desde un principio a hacerlo de esa manera, pero accedimos. Finalmente un día, antes del "juicio" a mi hijo, su padre le dio la noticia. Daniel lloró muchísimo y con la voz entrecortada, por supuesto, sin saber lo que decía, afirmó: "mamá, mi vida está destrozada, vámonos de esta ciudad".

Estaba triste, desanimado, creo que no entendía muy bien que las reglas fueron rotas, pero Guillermo y yo decidimos, a última hora, que no teníamos por qué someter a un niño de 11 años a más señalamientos. Bastante duro era el golpe —porque mi hijo adoraba su escuela— como para seguirle echando alcohol a la herida.

Puede sonar trágico y exagerado, pero para él lo fue. Además, si uno como madre o padre de un niño con TDA puede ser solidario, cómplice y apoyarlo, ¿por qué no hacerlo? Sé que si los expertos me oyeran me colgarían de los pies por romper con sus propuestas para manejar a un niño con este trastorno. Pero se trata de niños que sufren mucho. Por lo menos es el caso de Daniel, quien es muy sensible y sentimental.

Preguntas

La familia es uno de los principales apoyos para sacar adelante a quien padece TDA. Pensamos:

1. ¿Están enterados mis demás hijos del trastorno de su hermano?
2. Dicen que la escuela es el segundo hogar del niño. ¿Nos hemos acercado a los maestros y a los demás compañeros del niño para solicitar apoyo?
3. ¿Nos hemos olvidado de brindar atención y apoyo a los demás hijos, incluso a nuestra pareja, o somos absorbidos por el niño con TDA todo el tiempo?
4. ¿Hemos manifestado a nuestro hijo con trastorno lo importante que es para el resto de la familia? ¿Le asignamos tareas como a los demás?
5. ¿Cuento con un plan de trabajo para echarlo a andar con mi hijo?
6. El ambiente familiar y la habitación que ocupa, ¿son adecuados para que mi hijo pueda funcionar sin ocasionar daño a nada ni a nadie?

Capítulo cuatro

Niños problema: aquí no

Las investigaciones sobre educación infantil realizadas en todo el mundo señalan que en cada salón de clases existe al menos, un chico que padece problemas de aprendizaje; en algunos casos puede tratarse de déficit de atención, en otros de dislexia, en otros más de dificultad con las matemáticas y en otros deficiencia en la lectura y la escritura.

En México el trastorno por déficit de atención empieza a ser un problema de salud pública. Se considera que es la afección neuropsiquiátrica más significativa en la población infantil y que entorpece el rendimiento escolar de siete de cada 10 pacientes. El TDA frecuentemente se acompaña de conductas desafiantes y antisociales, así como de cambios en el estado de ánimo, ansiedad y aprendizaje, lo que afecta de manera significativa la relación social y familiar.

De acuerdo con cifras del Consejo Nacional contra las Adicciones (Conadic), órgano dependiente de la Secretaría de Salud, se estima, en términos conservadores, que 5% de la población infantil y adolescente lo padece, por lo que se podría afirmar que en México hay aproximadamente un millón y medio de niños y adolescentes con este problema, cifra que podría duplicarse si se tienen en cuenta los adultos que aún lo sufren.

"Los niños y adolescentes con TDA es uno de los grupos sociales más vulnerables a sufrir maltrato infantil, rechazo escolar y aislamiento social; los adolescentes tienen mayor probabilidad de verse en problemas con la justicia, comparados con los que no padecen el trastorno. La ausencia de tratamiento puede ser causa de fracaso escolar, social y familiar, con lo que se multiplican los riesgos de que se presenten otros trastornos como la farmacodependencia", informa el Conadic.

En el terreno de la salud, el "Programa Específico de Trastorno por Déficit de Atención 2001-2006" constó de dos partes. La primera se refería al análisis de los problemas relacionados con el padecimiento, en especial a los pocos antecedentes que hay acerca de él y a los conceptos generales que existen al respecto, entre los que se hallan: definición, factores asociados a la enfermedad, características del trastorno, conductas que lo acompañan —comorbilidad—, efectos sobre la salud, la educación y el desarrollo social, así como su manejo. También se abordaron las acciones que se han emprendido en nuestro país en materia de diagnóstico y tratamiento, investigación, formación de recursos humanos, infraestructura, normatividad y legislación.

El Plan de Acción describe los retos, las estrategias, las líneas de acción, las acciones específicas y las metas que guiarán, en años venideros también, su operación.

Por lo que toca a las escuelas públicas, éstas cuentan con un sistema de apoyo y canalización y el gobierno federal pretende crear una Comisión Nacional de Trastorno por Déficit de Atención.

Cada escuela necesita usar todos sus recursos para proporcionar asistencia adicional a los estudiantes que necesitan más ayuda.

RIEF

Por el momento se ha puesto en marcha una serie de acciones para mejorar la atención de los niños. Se ha difundido información; además, se llegó a un consenso sobre las directrices que guiarán el manejo de estos niños desde el punto de vista público. Estas recomendaciones serán enviadas a todos los estados de la República para que cada entidad lo resuelva de acuerdo con sus recursos.

Otra acción es el proyecto "escuela saludable", que incluye la detección de los trastornos de atención. Más aún, algunos medicamentos necesarios para tratar el TDA se incorporaron en el cuadro básico de la Secretaría de Salud, por lo que deben estar disponibles en cualquier dispensario del país.

El doctor Saúl Garza afirma:

El problema es muy grande. Estamos hablando de que aproximadamente 7% de los niños sanos tiene TDA (alrededor de un millón y medio de niños), de los cuales sólo 15% es tratado. Si en las escuelas públicas son detectados, pueden remitirlos a los hospitales del sector salud, donde recibirán el apoyo que requieren. Asimismo, dentro del sistema educativo existe un programa que brinda a las escuelas públicas la ayuda de un grupo de psicólogos y terapeutas que apoyan a tres o cuatro planteles en la misma región, de manera que ya no es necesario que esos niños salgan de las escuelas y sean enviados a centros de educación especial para su tratamiento.

Pese a estos esfuerzos que apenas comienzan aún hay mucho por hacer. Los especialistas coinciden en afirmar que los niños con TDA no requieren acudir a escuelas especiales, pero la realidad es que en las tradicionales enfrentan numerosas dificultades y, en general, sufren rechazo.

"Soy mamá de una niña con TDA y he tenido muchos problemas para encontrar una escuela primaria donde la acepten porque cuando se enteran que tiene este trastorno de inmediato me dicen que no hay cupo. Nadie quiere ayudarme y parece increíble que en pleno siglo XXI la gente tenga una mente cada vez más cerrada. Ahora los maestros no quieren tener líos con los niños ni comprometerse ni apoyar a los padres de familia", expone Laura Cortés, madre de Rodrigo, de 13 años de edad, y de Mariana, de nueve.

Es importante que, como padres, leamos la mayor cantidad de información posible acerca del TDA; también es recomendable que nos reunamos con otros padres para que cobremos consciencia de que no estamos solos ante esta responsabilidad, ya que puede ser de gran ayuda escuchar y aprender lo que para otras personas ha resultado útil y, a la vez, lo que para nosotros ha sido provechoso.

Asimismo, es de mucho apoyo para el chico acudir a una terapia o a algún tipo de entrenamiento en destrezas sociales y técnicas que lo ayuden a concentrarse y pensar antes de actuar. Los niños mayores pueden aprender estrategias prácticas como utilizar libretas, hacer listas o activar cronómetros que los ayuden a organizar y completar tareas. Las técnicas de comportamiento que utilizan los padres y maestros pueden ayudar al chico a cumplir exitosamente las demandas de los deberes escolares.

A decir verdad, la mayoría de los niños con déficit de atención desea portarse bien y ser capaz de terminar las tareas, por lo que tal vez respondan positivamente a una señal no verbal establecida que les indique que deben regresar a sus actividades. Los refuerzos positivos otorgados (elogios y recompensas) por seguir ins-

> En México, se considera que el TDA es el
> padecimiento neuropsiquiátrico más significativo
> en la población infantil y que entorpece
> el rendimiento escolar de siete de cada 10
> estudiantes

trucciones y terminar tareas pueden contribuir, pero han de ser
inmediatos y frecuentes. Los niños con TDA no responden bien
a las recompensas de largo plazo. Las oportunidades para ser re-
conocidos deben fluir de manera constante durante el día para
los preescolares; con menor frecuencia a los niños de la escuela
primaria, y por lo menos una vez al día a los adolescentes.

Otras técnicas específicas incluyen:

▶ Dar al niño una o dos recomendaciones sencillas pero claras
sobre las labores escolares que debe realizar.
▶ Dividir una tarea escolar en varios segmentos para ser revisa-
dos por un adulto después de que hayan sido completados.
▶ Establecer pequeños periodos y animar al niño a realizar una
tarea correctamente antes de que termine el tiempo.
▶ Ayudar al chico a seguir un calendario y a organizar sus tareas
en un cuaderno o libreta.

Los niños con déficit de atención están en riesgo permanente de
enfrentar dificultades que los limitan a cumplir con las reglas de
la escuela y a tener un aprovechamiento académico óptimo; por
añadidura son presa fácil de sentimientos de incapacidad e incom-
petencia. Por eso resulta fundamental buscar una escuela en la
que se reconozca y se acepten las características de nuestro hijo
y haya disposición de hacer modificaciones para adaptarlas a sus
necesidades y dificultades.

Muchos profesores reconocen sus limitaciones y consideran no estar suficientemente preparados para trabajar con estudiantes con TDA. El hecho de que maestros sin conocimiento ni habilidades para hacer frente en el salón de clases a al menos un estudiante con el trastorno, justificaría modificaciones en los planes de estudio para intervenir de forma positiva en la formación de estos niños.

Es importante que el profesor comprenda a cabalidad que el déficit de atención se debe a insuficiencias personales que impiden al chico adoptar conductas más positivas y controladas. Por ello, a partir de las fortalezas y las debilidades del niño, la intervención debe centrarse en el desarrollo de un plan educativo que mejore el repertorio de sus conductas.

"Es fundamental enseñar al pequeño a poner en marcha nuevas y positivas formas de reaccionar que remplacen a las problemáticas mediante programas que desarrollen habilidades sociales, autocontrol y solución de problemas. Es indispensable tener en cuenta que las conductas características de los niños con TDA no son desafiantes, inadaptadas ni negativas sin causa, sino que la tienen. Por eso la intervención debe centrarse en mejorar las habilidades de autocontrol, y aunque la causa de la conducta del niño con TDA es interna, el ambiente tiene un papel fundamental en la modulación del trastorno. El objetivo no debe reducirse a mejorar las conductas problemáticas, sino conseguir cambios personales significativos para que el niño alcance una vida más digna y satisfactoria", afirma el neurólogo A. Miranda Casas, quien junto con otros investigadores expone, en la siguiente tabla, las principales diferencias entre el enfoque tradicional y el nuevo enfoque en la intervención en el TDA.

"...o cuando la actitud del maestro hace la diferencia"[1]		
Características	Intervención tradicional	Nuevo enfoque
Tipo de respuesta de los profesores	Reactiva (reducir la conducta problemática)	Proactiva (prevención mediante intervención sobre la conducta y cambios en los contextos)
Participantes	Padres, profesores, o ambos como ayudantes en la intervención diseñada por el psicoterapeuta	Psicoterapeuta, padres, maestros, vecinos, familia, amigos. Participantes activos
Componentes que intervienen en el apoyo al niño	Técnicas adecuadas para la corrección de la conducta	Psicofármacos, técnicas para la corrección de la conducta, modificación del ambiente, enseñanza de habilidades
Sujeto sobre el que se debe intervenir	La conducta problemática	Los contextos problemáticos y el autocontrol
Momento en el que se actúa	Intervención puntual	En todo momento a lo largo del ciclo vital
Objeto de apoyo al niño	Reducir la conducta problemática	Mejorar el estilo de vida

Fuente: *Psycho-Educational intervention in students with attention deficit hyperactivity disorder* (www.revneurol.org).

---

[1] El título de esta tabla es aportación de un grupo de mamás de niños con déficit de atención.

> **Los niños con TDA necesitan superar la crisis en la que se ven envueltos ya que para desenvolverse libre y capazmente deben reconstruir su salud emocional y social**

Rosa María Olavarrieta, normalista y psicopedagoga, relata:

Lamentablemente, en México las escuelas tienen poca información sobre el déficit de atención a pesar de que es un problema añejo. Yo, por ejemplo, hace más de 20 años di clases en una escuela preparatoria donde la mayoría de los alumnos habían sido rechazados por otras escuelas y, en apariencia, eran 'chicos problema'. Hoy, que lo veo a la distancia, comprendo que eran niños inadaptados debido a su déficit de atención, pero en general eran muy creativos, cálidos y simpáticos. Sólo había que saberlos tratar.

"Las escuelas no saben qué hacer con un alumno con TDA; entonces lo más fácil es atiborrar a los padres de culpas y temores que, en realidad, la escuela tendría que resolver. Recuerdo un día cuando Daniel, de 11 años de edad, llegó con un recado de la maestra de Español que decía: 'Señora Reyes: su hijo se portó muy agresivo con sus compañeros y les llamó *perdedores*'. Me parece que ese problema —que no considero tal— tuvo que haberlo resuelto ella, ¿o acaso yo le mando recados que digan: 'Maestra Hernández, mi hijo Daniel no se comió bien el guisado. Por favor, llámele la atención'", expone en tono de ironía Clementina Reyes, madre de Daniel y Dulce, ambos de 10 años de edad.

No es raro que los padres de un niño con TDA enfrentemos situaciones difíciles de manejar que cuestionan nuestro papel como papás y nos hacen parecer ante los demás, ante nuestra pareja o ante nuestra familia entera como si no estuviéramos cumpliendo nuestra responsabilidad social y formativa de manera adecuada.

Cuando Daniel, mi hijo, iba en segundo grado de primaria viví una de las experiencias más dolorosas por las que he pasado como madre. Recibí una llamada telefónica a la oficina; me pedían que me presentara urgentemente en la escuela. El niño estaba bien, dijeron, pero era muy indispensable que asistiera de inmediato. Era ya casi la hora de la salida, así que primero recogí a Lucía. La niña salió llorando desconsolada. Me abrazó y me dijo: "mamá, me dijeron que mi hermano está loco y que se quiso aventar por la ventana de su salón". Se me erizó la piel y le pregunté: "¿cómo está Daniel?". En ese momento salió la psicóloga y entré a la escuela.

Por fin me comentaron que Daniel había amenazado con aventarse por la ventana del salón porque le habían quitado una estampa de *Pokemón*.

En primer lugar, creo que la maestra no supo manejar la situación: ella sabía que el niño es impulsivo y además contaba con la recomendación del paidopsiquiatra de adelantarse siempre a sus impulsos; insisto, me parece que no actuó con pericia. En segundo lugar, siendo objetiva, la reacción de la escuela fue una exageración. De acuerdo con el testimonio de sus compañeros y del propio niño, quien por cierto se hizo acreedor a una severo regaño, jamás se hubiera atrevido a hacer semejante tontería. En tercer lugar, mi hijo es impulsivo pero no tonto. Eso sí, es manipulador y supo manejar a su antojo a la escuela.

Fue entonces cuando vino la primera amenaza de expulsión. Me sentía triste y frustrada al imaginar cómo se sentiría mi hijo para haber actuado de esa forma. Pero el golpe más duro fue que un grupo grande de mamás de la escuela, que me conocían y sabían del problema de mi hijo, firmó una carta donde pedían a la dirección expulsar a Daniel por ser "emocionalmente nocivo" para sus hijos. Por supuesto, los directivos no dieron la menor importancia a la solicitud, pero mi hijo quedó estigmatizado durante dos años más, hasta que terminaron expulsándolo por su bajo promedio en conducta.

De acuerdo con Rosa del Carmen Flores, profesora de la Facultad de Psicología de la Universidad Nacional Autónoma de México (UNAM):

> La escuela puede contribuir enormemente para apoyar a los padres de un chico con TDA.
>
> Los niños con el trastorno necesitan superar la crisis en la que se ven envueltos, requieren aprender a reconstruir su salud emocional y social. La meta de la escuela debería ser colaborar con ellos para que tengan una imagen objetiva y valiosa de sí mismos. Una forma de ayudar es valorar las capacidades consideradas la base del desarrollo social del niño. Entre ellas destaca el sentimiento de confianza que se adquiere cuando las personas con las que convivimos nos ayudan e impulsan.
>
> La escuela puede ayudar a recuperar esta confianza demostrándole que su hijo forma parte de sus preocupaciones; enviando regularmente notas a casa con comentarios directos en los que el maestro reconozca algo positivo que el niño haya logrado.

Otra forma de auxiliarlos es poniéndolos en contacto con padres que estén atravesando por problemas similares y motivándolos para que, de manera conjunta, busquen soluciones con profesionales involucrados en la capacitación y supervisión de los padres.

Debemos también estimular la autonomía, que es la capacidad para hacernos cargo de las acciones que realizamos y, con ello, regular nuestra forma de vida de manera competente y eficiente.

"Los padres de niños con déficit de atención no son autónomos en su papel. La mayoría enfrenta las tareas de la crianza con una gran inseguridad sobre su desempeño y dependiendo de una ayuda que, a menudo y por desgracia, no llega", agrega la especialista.

Lamentablemente, y a pesar de que la escuela podría ayudarnos, no lo hace. Por paradójico que parezca, muchas veces se convierte en la enemiga principal de la autoestima del niño con TDA.

El problema de los adultos que conviven con niños que padecen TDA no es si hacen o no los esfuerzos para ayudarlos. Lo que importa es que sepan sobre el trastorno y organicen formas para trabajar adecuadamente con el niño.

ANÓNIMO

"La autoestima de mi hijo José Luis está hecha añicos debido a la falta de apoyo de la escuela. La última que le hicieron fue increíble. Mi hijo sacó un pañuelo para sonarse y la maestra lo echó del salón con el comentario siguiente: 'José Luis, ni siquiera sabes sonarte. ¿Tienes que ser siempre tan ruidoso?'", relata Sonia Hernández, madre de José Luis, de 10 años, y de Pamela, de siete.

Otro de los aspectos que menciona Flores es la importancia de la iniciativa, como lo es la capacidad para empezar una tarea y concluirla. Asegura que los padres de niños con necesidades especiales pueden enfrentar a diario situaciones frente a las que no saben cómo reaccionar. La escuela debería ser, en este caso, un oyente solidario y confidente a quién comunicar dudas, sentimientos y que apoye y haga aportes en la búsqueda de soluciones.

"A mi hijo lo han expulsado de dos escuelas privadas porque tiene TDA. Si pudiera evitar que el niño se enfrentara a este sistema educativo caduco no lo inscribiría en ninguna. Ahora, las maestras me recomiendan que lo lleve a una escuela de niños con necesidades especiales, contrario a lo que han recomendado su terapeuta y el propio neurólogo. Si pudiera demandarlas por no darme el servicio que mi hijo requiere, lo haría. Además, pago todas las cuotas y colegiaturas, no hacen nada de manera gratuita", expone Lourdes Ramírez, mamá de Santiago y Andrea, de 12 y nueve años de edad, respectivamente.

La empatía es otro elemento con el que se ofrece al niño la posibilidad de que se desarrolle de acuerdo con sus necesidades; la escuela debería ponerse en el lugar de los padres de familia y entender cómo se sienten los chicos no sólo como alumnos, sino como personas en pleno desarrollo.

"Al contrario, nos linchan", afirma Eugenia Ramos, madre de Santiago, de nueve años y diagnosticado con TDA.

Una de las fibras más maltratadas por la escuela, tanto de niños con este trastorno como de sus padres, es la autoestima. Necesitamos modificar este hecho. Los niños tienen un problema, cierto; las instituciones educativas deberían brindarles soluciones en vez de aniquilar sus herramientas vitales como la seguridad, la autoestima y la dignidad.

Su hijo con TDA me plantea un reto personal como profesora.
UNA MAESTRA A LA MADRE DE UN NIÑO CON TDA

Aunque no he sido tan desafortunada con el trato que he recibido por parte del colegio de Daniel y Lucía, abundan testimonios de padres que se quejan por la manera en que las escuelas los señalan a ellos y a sus hijos. Como si no fuera suficiente tener un niño con TDA.

"Mi hijo de seis años ha sido expulsado del colegio dos veces porque sus maestros no lo soportan y porque es muy agresivo con sus compañeros. Estos factores han menguado mucho su autoestima. Está asistiendo a terapia y lo están medicando, pero no veo mejoría y, lo que es peor, un colegio donde lo acepten", comenta Sara Ponce, mamá de Tomás, de seis años, Tania, de ocho, y Alejandro, de cuatro.

Es claro, lo que menos quieren las escuelas es tener más problemas. El personal, por desgracia, no está capacitado para manejar a los chicos que padecen TDA y con los destellos de intolerancia y agresividad que muestran, lo único que logran es hacer más rebeldes a los menores que, a su vez, son reprendidos por sus padres por continuar desafiando reglas y siendo incapaces de comportarse como se les pide. Ello desemboca en un círculo vicioso. Hay que añadir que si bien los expertos no recomiendan que estos chicos asistan a escuelas especiales, por otro lado no tienen cabida en las regulares. Se trata de niños normales, pero diferentes. Se antoja paradójico, ¿no?

Tengo una colección escrita de quejas contra Daniel. No hay un solo día en que las maestras no hayan padecido su "mal comportamiento", y yo me pregunto: ¿acaso se percataron de los días cuando el niño estaba sosiego?, ¿fue reconocido por su esfuerzo? Incluso una maestra, después de ser quien más señaló y se quejó de mi hijo, tuvo el poco tacto de decirme: "Señora, ya supe que se lleva a Daniel de la escuela. Me parece un niño brillante y no quisiera perder contacto con él".

¡Por favor, si lo que más anhela es quitárselo de enfrente!, me dieron ganas de espetarle.

Cuando empiezo a recordar tantas y tantas anécdotas adversas para la autoestima del niño, el sentimiento de malestar se apodera de mí y empiezo a perder la objetividad —y en el caso de madres cuyos hijos son blanco de las críticas, no creo que exista una que

Aunque no estén capacitados para diagnosticar, los maestros interpretan un papel crucial en el desarrollo del niño con TDA ya que su apreciación y valoración de conductas alertan a padres y especialistas no pierda el estilo—, así que es mejor convencernos de que hallaremos una escuela en la que nuestro hijo con TDA será recibido con los brazos abiertos y que estará dispuesta a aceptar todo lo positivo que tiene nuestro hijo y que aportará a sus compañeros. Sin engaños, esto es posible.

Arturo Mendizábal expresa que los adultos somos, especialmente los profesores, quienes volvemos intolerantes a los compañeros del chico con TDA. Al respecto, señala:

> Los pequeños con déficit de atención deberían ser vistos de manera tan natural como son vistos y aceptados los morenos, los más gorditos, los de cabello claro. Las escuelas deben entender que la diversidad existe, incluso de conductas, y uno de los principales valores que debemos tener para educar a los niños es el de la tolerancia.

Claro, no se trata de permitir que el niño con TDA ande por la vida golpeando a los demás y fastidiando todo el tiempo, pero las escuelas tienen la obligación de aceptarlos y ayudarlos a sobrellevar la situación ya de por sí difícil para ellos.

Los maestros, una ayuda indispensable

A pesar de que a los profesores no les corresponde hacer un diagnóstico de déficit de atención, ellos pueden y deben hacer preguntas. Por ejemplo, averiguar si alguien ya examinó la visión y la audición del niño. También deben asegurarse de que otros problemas médicos han sido descartados.

Es importante para el maestro estar seguro de que los padres del niño están trabajando en equipo con él. Asimismo, debe buscar apoyo en sus compañeros de trabajo, el psicólogo escolar y personas que conocen del tema.

Una de las personas que tiene mayor influencia en la vida del menor es el maestro, por eso es indispensable que pregunte al niño, sin temor a perder autoridad, cómo puede ayudarlo. En general, los niños con TDA tienen una gran intuición y, si se les pregunta, pueden decir al profesor cuál es la mejor manera de enseñarles.

Es importante también que el profesor o la profesora tenga siempre presente que los niños con déficit de atención necesitan aprender a organizar sus pensamientos, sus conductas, sus respuestas. Su ambiente escolar debe "organizar" lo que ellos no pueden hacer por sus propios medios. Asimismo, requiere listas, recordatorios, previsiones y la anticipación oportuna de los maestros.

La comunicación del profesor de un niño
con TDA

Si los padres ofrecen una comunicación abierta, el educador debe:

▶ Utilizar una buena comunicación, evitando la crítica.

▶ Destacar los aspectos positivos del niño y sus cualidades.

▶ Ofrecer opciones claras y objetivas de lo que espera de ellos para resolver las dificultades.

▶ Establecer una forma de comunicarse con regularidad.

▶ Ofrecer periódicamente información al hogar, como una forma de apoyo al estudiante en casa.

▶ Evitar enviar mensajes o recados negativos con quejas.

> ▶ Ser concreto.
> ▶ Comprometer a los padres en el proceso de adaptación del niño.
>
> **Fuente**: Marina Peña, *Así aprendo… Guía para educadores*.

La psicóloga Mariana Camarero afirma que el maestro, después de explicar las reglas del salón, debe hacer que el niño con TDA las escriba y las entienda, ya que estos chicos establecen su confianza en la medida en que saben qué se espera de ellos. También sugiere hacer contacto visual todo el tiempo. Una mirada, un guiño, puede recuperar a un niño cuando está soñando despierto, o puede ser la señal cómplice del profesor para recordarle que debe controlarse, sentarse bien o evitar alguna conducta disruptiva.

La tolerancia es uno de los principales valores para la sana convivencia.

UNICEF

El profesor ha de elaborar un calendario de actividades tan predecible como sea posible y colocarlo en el pizarrón o en el pupitre del niño.

Sería deseable que la escuela pudiera eliminar o reducir la frecuencia de las pruebas o evaluaciones con límites de tiempo. Los expertos afirman que no se produce una mejora educativa al aplicarlas y, por otro lado, tampoco permiten que muchos niños con TDA demuestren lo que realmente saben.

Camarero recomienda a los maestros buscar más calidad que cantidad en las tareas escolares. Los niños con déficit de atención suelen necesitar una carga reducida.

En el artículo titulado "50 recomendaciones para el manejo de los trastornos de atención en el salón de clases", Edward M.

Hallowell y John J. Ratey sugieren dividir las actividades largas en varias tareas cortas. Ésta es una de las técnicas cruciales de todas las posibilidades de enseñanza para niños con TDA. Las labores largas agotan más rápido al niño y él regresará al tipo de respuesta emocional anterior: "Yo nunca seré capaz de hacer esto". Al dividir el trabajo en partes más manejables, cada componente luce suficientemente pequeño para ser realizado y el niño puede dejar de lado la sensación de estar agotado.

En general, estos niños pueden hacer más de lo que ellos mismos creen. Cuando los trabajos son fragmentados, el maestro puede dejar al niño que pruebe y demuestre sus capacidades. Con los chicos pequeños esto puede ser de enorme trascendencia para evitar "el nacimiento de las rabietas" que son la base de la frustración anticipada. A los niños mayores puede ayudarlos a evitar actitudes de derrota, que se presentan con frecuencia en su camino.

Por desgracia, en México hay pocas escuelas con programas de integración para los niños con déficit de atención. Sin embargo, hay propuestas para modificar tal situación. De hecho, el Programa Intersectorial de Educación Saludable, por medio del cual las secretarías de Salud y Educación Pública pondrán en marcha acciones para mejorar las condiciones de salud de las niñas, los niños y los adolescentes de cuatro a 15 años que cursan educación básica (preescolar, primaria y secundaria).

Para un maestro es más importante ser estimulante que ser importante.

ANÓNIMO

De estas líneas de acción sobresale la correspondiente a proporcionar servicios para prevenir, atender y resolver aspectos relacionados con diversos problemas de salud, entre los que se incluye el trastorno por déficit de atención.

> Las instituciones educativas deberían brindar soluciones, capacitar a su personal, modificar patrones sociales y formativos para impulsar el desempeño de los estudiantes con TDA

Pero mientras se crean escuelas especiales o se integra a los niños con TDA a las que ya existen, los padres debemos buscar una escuela donde nuestro hijo sea tratado de manera adecuada. Quizá resulte difícil lograr que se hagan adaptaciones curriculares para beneficiar el desempeño del chico, pero la familia, la escuela y los médicos o los psicólogos tenemos mucho trabajo conjunto por delante.

Preguntas

Hace falta información valiosa para poder manejar el trastorno por déficit de atención pese a que se le considera hoy día un problema de salud pública. Preguntémonos:

1. ¿Mi hijo asiste a la escuela adecuada?
2. Cuando mi hijo con TDA realiza cosas positivas, ¿le doy un reconocimiento evidente e inmediato o ni siquiera me doy cuenta de ellas?
3. ¿Tengo clara una lista de maneras de reforzar positivamente a mi hijo?
4. ¿Nos hemos preocupado por saber si en la escuela entienden que el TDA es un trastorno de la química del cerebro y que nada tiene que ver con que el niño tenga ganas deliberadas de fastidiar?
5. ¿Tengo confianza en los demás y en que contribuirán con nosotros para que el niño la pase mejor en el círculo donde se halle?
6. ¿Hemos fomentado en nuestros hijos el valor de la tolerancia? Sobre todo porque sin duda algún día tendrán un compañero con déficit de atención.
7. ¿Somos claros y firmes con las reglas y los límites que le marcamos a nuestro hijo con TDA?

Capítulo cinco

¿Cómo debo tratar a mi hijo?

*T*ener que educar en casa a un niño con TDA no es una labor sencilla, pero si contamos con suficiente información, si tenemos un diagnóstico certero y si el chico está en tratamiento el panorama se va aclarando poco a poco. O eso pareciera.

Lo cierto es que la situación puede y de hecho se dificulta sin previo aviso. Parece una contradicción, y lo es.

Sé que mi hijo Daniel padece este trastorno, pero a veces no sé cómo tratarlo ni cómo ayudarlo a controlar sus impulsos. De lo que estoy absolutamente convencida es que el niño precisa mucho cariño y mucho contacto físico. Necesita saber que lo queremos y que no vamos a dejar de apoyarlo.

Sin duda, el tipo de padres que estos niños necesitan son los firmes y amorosos, los que establecen con claridad las reglas y las consecuencias, pero al mismo tiempo saben brindar apoyo, son cariñosos y se dedican a que el niño reciba atención. Todos los papás del mundo, tengamos o no hijos con déficit de atención, hemos experimentado que las cosas fluyen mejor cuando asumimos nuestro papel de autoridad y de adultos, sin temor al fracaso ni al rechazo del chico.

La psiquiatra infantil Berenice Villasana ofrece una serie de recomendaciones para llegar a ser unos padres de este tipo: es importante aceptar el hecho de que tenemos un hijo diferente. Tratar de esconder esta situación o rehusar hablar de ello sólo hace sentir al niño que nos avergonzamos de él. No olvidemos, nos recuerda Villasana, que el chico adolece de un problema médico que lo hace perder la atención y el control sobre su mundo emocional, social, afectivo y escolar. Cuanto más rápido aceptemos y enfrentemos esa situación, mejor podremos ayudarlo.

Otra recomendación es establecer reglas, rutinas y horarios para las actividades del chico. Ser consistentes y no modificarlas más que por algún motivo extremo. Si es necesario hay que escribirlas y repasarlas día tras día con el niño.

Hay que crear un compromiso de vida con él, es decir, hablar con él hasta que se convenza de que haga lo que haga, por más mal hecho que esté, sus padres siempre estarán ahí de manera incondicional.

Planear un tiempo de convivencia especial entre el niño y sus padres es de gran ayuda. En ese lapso harán lo que al chico más le plazca: jugar, leer o conversar. Hay que hacerlo sentir que es "su tiempo juntos" y que nada ocasionará interrupciones.

Es indispensable armarnos de paciencia y ser siempre muy amorosos. No hay que esperar más de lo que él puede dar y debemos tener siempre muy claros nuestros sentimientos respecto al

> Los especialistas recomiendan establecer reglas,
> rutinas y horarios para las actividades del chico
> y así lograr un mayor manejo de su tiempo y
> atención

trastorno del niño. Todos queremos a nuestros hijos, mas los que padecen TDA suelen producirnos confusión y, sobre todo, mucha frustración.

Grad Flick ofrece también algunas recomendaciones que podemos emplear como estrategias a fin de cambiar la reacción del niño frente a ciertos problemas. Con estos enfoques, centrados en el niño, se busca cambiar su proceso interno, pues pueden ayudarlo a estructurarse u organizarse en casa y en la escuela.

▶ **Modelar instrucciones.** Hay que enseñar al chico a que repita y repase las instrucciones antes de empezar la tarea. "Este repaso y repetición de las instrucciones contrarresta la tendencia del chico a empezar una tarea impulsivamente y sin estar seguro de lo que tiene que hacer".

▶ **Modelar solución de problemas.** Después de explicar al niño lo que debe hacer, hay que decirle cómo hacerlo, y si hay soluciones, debe enseñársele cuál de ellas es la más apropiada. "Con este proceso de solución de problemas el niño continuará hablándose a sí mismo, monitoreando cada paso del proceso y usando la mente para verificar si su trabajo es correcto".

▶ **Enseñar estructura de organización.** Los chicos que se enfrentan a tareas difíciles con un plan organizado desarrollan un mejor trabajo. Esto es un complemento del proceso de hablarse a sí mismo e ir realizando adecuadamente, paso a paso, el trabajo.

▶ **Enseñar automonitoreo.** El desempeño en el trabajo del niño puede mejorar con el uso de señales periódicas para ayudarlo a desarrollar la habilidad de automonitorearse.

Adela Casarín, mamá de Sebastián y de Jimena, de nueve años, relata lo siguiente:

"No te puedes imaginar todas las actitudes que he modificado para que mi hijo Sebastián, de 11 años de edad y con TDA, mejore su comportamiento, pero nada había funcionado. Sin embargo, me di cuenta que nada cambiaría si, en primer lugar, yo no aceptaba su trastorno y seguía teniendo expectativas de él como si se tratara de un niño normal. Un día, su terapeuta me recomendó seguir la estrategia del 1, 2, 3, que consiste, simplemente, en una interacción adecuada de sentimientos:

Paso 1: pedir al niño que ponga su ropa sucia en el lugar adecuado.

Paso 2: en la forma de pedir está el dar: el niño responde al haber recibido una instrucción de manera amable y pone su ropa en el cesto de la ropa sucia.

Paso 3: se agradece al niño lo que hizo, o se le reconoce la forma en que lo hizo.

Con la práctica, esto nos llevó a una mejor relación con el chico. Sugerimos en la escuela que tal vez eso también les podría funcionar y todo parece indicar que las cosas marchan mejor".

Es importante insistir que lo que puede funcionar con un niño tal vez no lo haga con otro. Esto depende del carácter y el temperamento del pequeño.

No me gusta decirlo, pero con Daniel me funcionan mejor las amenazas. Son odiosas, pero resultan. A veces le digo: "Daniel, a lavarse los dientes". Por supuesto, el niño no oye sino hasta la tercera vez. Entonces es cuando le digo de mala gana: "olvídate de usar Internet". Inmediatamente corre al baño a lavarse los dientes.

Así es con todo. Parece mentira, pero ya es una forma de interactuar con él.

> *Es necesario tomar en consideración la influencia de la cultura y el ambiente social a los que pertenece la persona si se quiere entender plenamente el trastorno por déficit de atención, diagnosticarlo con acierto y proveer los tratamientos necesarios.*
>
> BAUERMEISTER

Teresa Martínez tiene una hija de ocho años con TDA y comparte lo siguiente: "Tengo reglas escritas por toda la casa porque parece que Samia vive en la luna". Teresa me mostró una cartulina que tiene pegada en la puerta de la habitación de sus hijas —la otra niña es Ana Lucila y tiene seis años de edad. Estas son las reglas:

1. Permanecer sentada mientras como.
2. No interrumpir cuando los demás están hablando.
3. Cuando voy en el automóvil debo permanecer quieta y con las manos cruzadas en las piernas.
4. Permanecer sentada y sin subir los pies a los muebles mientras veo televisión.
5. Cuando me enojo debo mantener las manos quietas.
6. Saludar a los demás de manera amable.
7. No pelear con mi hermana.
8. Hacer primero la tarea, después jugar.
9. Lavarme los dientes después de cada comida.
10. La hora de dormir es a las 8:30 de la noche.
11. Despertarme a las 6:30 y estar vestida a las 7 de la mañana.
12. Revisar mi lista de deberes todos los días.

La lista está elaborada con la letra de Samia y cada una de las reglas está marcada con un plumón de distinto color.

Los especialistas recomiendan siempre ser muy concretos y claros en las instrucciones que damos a los niños conel trastorno.

Mónica García, madre de Gerardo, de nueve años de edad y a quien se diagnosticó TDA, también tiene una lista con la que debe pedir a su hijo las cosas que quiere que haga. Ésta es la lista:

1. Pon tus juguetes en su lugar.
2. Vacía todos los botes de basura en el bote grande y lo colocas en la puerta de entrada del departamento.
3. Sírvele un vaso de agua a tu hermanito.
4. Abróchate el cinturón de seguridad en el automóvil.
5. Da de comer a los pájaros.
6. Regresa la leche al refrigerador después de usarla.

"Pueden parecer instrucciones muy autoritarias, pero me funciona muy bien dejar de preguntarle si quiere hacerlo o no. Me limito a dar una instrucción y Gerardo la cumple".

Susana del Valle, psicoterapeuta familiar, afirma que los padres que usan esta forma de comunicación tienen una mejor relación con sus hijos, ya que están seguros de sus creencias y pueden expresar sus ideas y comunicarse de manera clara y directa.

"Es también un buen camino para que el niño se vuelva responsable y sea capaz de organizar y estructurar su propia vida interna", afirma.

Flick también sostiene que los padres afirmativos son los que mejor interactúan con sus hijos. Para lograr eso recomienda lo siguiente:

▶ Decir lo que haya que decir, y lo que se diga que sea en serio.
▶ Hay que dar las órdenes de manera cortés, pero firme.
▶ Hacer contacto visual con el niño antes de dar una instrucción.
▶ Dar seguimiento a las órdenes con supervisión inmediata.

▶ No pedir al niño que haga caso. Recordarle que las órdenes deben seguirse.

▶ Si el niño trata de convencerlos de otra cosa, manténganse firmes. No se dejen seducir.

Debemos ser eficaces con nuestras comunicaciones, sugiere Flick.

A muchas otras madres les funciona "ignorar olímpicamente" —como ellas dicen— el comportamiento necio de sus hijos con TDA.

"Créeme, esto ha debilitado pleitos y llantos en casa", relata entusiasmada Mónica Concha, madre de David, de 14, y de José, de 12 años y diagnosticado con TDA.

Flick proporciona una lista de comportamientos que recomienda ignorar:

1. Gemidos.
2. Gestos o muecas.
3. Necedades, peticiones repetitivas —como las de mi hijo Daniel.
4. Exigencias insistentes.
5. Gritos y berrinches.
6. Llantos.
7. Enojos fingidos.
8. Maldiciones con afán de provocar una reacción.
9. Ruidos no apropiados.
10. Preguntas reiterativas.
11. Comer de manera inapropiada.
12. Hablar como bebé.
13. Quejas.
14. Ruegos aun cuando ya se respondió.

Leticia Díaz sugirió poner en un lugar visible, como el refrigerador o la puerta de la habitación del niño, una lista con las reglas que éste debe cumplir en el corto y el largo plazo. En la que se anotan con detalle las tareas que debe realizar; además, hay que revisarla con él todos los días por la noche, para verificar si completó sus deberes y si tiene todos sus libros listos para llevar a la escuela el día siguiente.

Debemos centrarnos en todo lo que nuestro hijo está haciendo correctamente, en lugar de recordarle a diario lo que está haciendo mal. Ayudémoslo a responsabilizarse por pequeñas tareas para fortalecer su autoestima y poder personal.

El ejercicio es otra de las recomendaciones que dan los padres con niños que padecen déficit de atención. Eloína Carlos comenta que su hijo ha resultado muy bueno para el futbol.

"Intentamos beisbol, pero como tenía que esperar demasiado para que llegara su turno al bate, se desesperaba. También me funcionaron la natación y el karate, ambas actividades, aunque son solitarias, requieren mucha concentración y provocan que el niño esté siempre atento de sí mismo".

Cómo usar estrategias efectivas de comportamiento

1. No perder la calma.
2. Escuchar reflexivamente el punto de vista del niño.
3. Asegurarse de entender verdaderamente los sentimientos de malestar del niño.
4. Comprobar que el niño comprende lo que se supone que no debería hacer o decir.
5. Procurar ser siempre consistente y predecible frente a los ojos del niño. No permitir que los

estados de ánimo interfieran en la respuesta que se le da al menor.

6. Tratar de que las respuestas que se le dan al niño sean inmediatas y evitar reaccionar por cambios de humor repentino. Esto podría lastimar su autoestima.
7. Procurar que las consecuencias sean cortas. No castigar al niño durante una semana sin ver televisión, por ejemplo.
8. Evitar castigos beneficios para el niño, como andar en bicicleta o en patines.
9. Eliminar las amenazas. Si los castigos no se llevarán a cabo, mejor pensar antes de imponerlos.
10. Otorgarle al niño tiempo de calidad. Jugar, conversar, jugar y reír juntos.

Fuente: *The A.D.D. Book*; William Sears &Linda Thompson.

Consejos para maestros sugeridos por padres con hijos que tienen TDA:

▶ Aprender más acerca del TDA.
▶ Investigar qué cosas en particular son difíciles para el alumno. Por ejemplo, un alumno con TDA podría tener problemas al comenzar una tarea, mientras que otro podría tenerlos al terminarla y empezar la siguiente. Cada alumno necesita ayuda diferente.
▶ Estipular reglas y rutinas claras ayudan a los alumnos con TDA. Fijar las reglas, horarios y tareas. Establecer momentos para desempeñar tareas específicas. Hacerle saber al chico cualquier cambio en el horario.
▶ Enseñar al alumno a usar un cuaderno de tareas y establecer un horario diario. Enseñarle destrezas de estudio y estrategias para aprender y fortalcer las regularmente.

- Ayudar al alumno a conducir sus actividades físicas; por ejemplo, permitirle que haga su trabajo de pie o en el pizarrón. Proporcionarle descansos regulares.

- Asegurarse de que las instrucciones sean claras y que las siga. Proporcionar instrucciones tanto verbales como escritas.

- Trabajar junto con los padres del alumno para crear y poner en marcha un plan educativo preparado especialmente de acuerdo con las necesidades del estudiante. Compartir regularmente información sobre cómo se está desempeñando en el hogar y escuela.

- Estar dispuesto a probar nuevas maneras de hacer las cosas con el niño que tiene TDA. Tener paciencia e incrementar las oportunidades del alumno para lograr el éxito.

De acuerdo con Enriqueta Gómez, psicóloga infantil, los padres de niños con déficit de atención necesitan tener cierto grado de profesionalización en técnicas de control de conducta. Se trata de niños mucho más difíciles de educar, y los padres han de ser, en cierto modo, casi expertos en educación porque lo que se juegan es mucho: el presente y el futuro emocional de su hijo.

El niño con TDA es más difícil de educar, los errores educativos de la familia tienen una repercusión más grave en ellos y los síntomas y las conductas erradas se multiplican.

> La capacidad de autocontrol también se educa, y si bien el problema de estos pequeños tiene una base biológica que les predispone al descontrol, todo lo que educativamente se pueda aportar no debe ser desaprovechado.

Aunque en México los programas educativos para padres con hijos con TDA prácticamente no existen, en los países donde se han desarrollado (Estados Unidos, Canadá, España, Costa Rica, por

> **Debemos centrarnos en todo lo que nuestro hijo está haciendo correctamente, en lugar de recordarle a diario lo que está haciendo mal**

citar algunos) han demostrado tener éxito. De esta forma, se reduce la posibilidad de que el TDA vaya derivando en otro trastorno, como el negativo desafiante o el disocial.

"A todas las madres que conozco y que tienen un hijo con déficit de atención, las caracteriza —como a mí— un riesgo enorme de padecer ansiedad y depresión. Ya de por sí es estresante educar a un hijo, pero la labor se multiplica cuando éste tiene algún trastorno", asevera Berta Torres, madre de un adolescente de 14 años con ese padecimiento.

¿Por qué un niño con TDA es más difícil de educar?

Yo tengo la respuesta en casa. Lucía es una niña dócil, segura de sí misma, con iniciativa. Daniel es mayor, pero emocionalmente es menor que su hermana. Es muy impulsivo, por eso cuando se enoja tengo que proteger a Lucía para evitar que pelee con ella.

Los psiquiatras infantiles aseguran que es doblemente difícil tratar con ellos por el desequilibrio que supone su grado intelectual, su capacidad mental y su falta de autocontrol.

La doctora española Isabel Orjales asegura:

> Esta falta de armonía hace que los padres tengan grandes inseguridades en el momento de educarlos o aplicarles límites. Son niños que no controlan situaciones, las cuales deberían controlar dada su edad. Por otra parte, su mayor dependencia física y emocional, su hiperactividad e impulsividad provocan, por ejemplo, que no

> **Los programas educativos para padres previenen que el TDA se convierta en otro trastorno, como el negativo desafiante o el disocial**

puedan trabajar solos, no saben jugar si no están acompañados, no dejan de buscar la presencia de alguien. Necesitan un mayor control externo y, por muchos años, precian límites educativos claros, más frecuentes y con mucha constancia.

La gran conocedora de temas infantiles, Penélope Leach, comentó en una presentación que hizo en la ciudad de Nueva York, que los niños tienen cada vez menos posibilidades de autocontrol. Los educamos, los protegemos y fomentamos la baja tolerancia a la frustración.

Las madres actuales coincidimos en que si los niños padecen TDA es mucho más difícil que los límites sean impuestos con claridad y la suficiente constancia, incluso cuando contamos con una orientación pedagógica adecuada.

"Ya ni las abuelas contribuyen con nosotros a cuidar a los niños. Ellas ya están agotadas, y Leonardo, mi hijo de nueve años con TDA, es un remolino a quien no puedo dejar con nadie. Su padre y yo somos las únicas personas a las que hace caso. Esto nos tiene muy desorientados y pasamos de la sobreprotección a la sobreexigencia. Es doloroso decirlo, pero aún tenemos expectativas muy altas respecto a lo que Leo nos puede dar", expone María José Cuevas, mamá de Leonardo, de 11 años, y de María, de ocho.

Aunque es cada vez más esporádico, aún vivo la sensación de impotencia y agotamiento con Daniel. El problema es que con esto aparecen casi de forma instintiva sentimientos de rechazo hacia el niño que desembocan en sentimientos de culpa. Conclusión: me convierto en una madre ansiosa y a veces deprimida.

Cómo usar estrategias de comportamiento eficaces

Los padres debemos intentar realizar actividades que logren que nuestro hijo se concentre. La computadora es una herramienta potencialmente útil en este sentido. Los niños con TDA son atraídos en especial por ella y por los juegos de video. Ahora están disponibles muchos juegos de aventuras que ofrecen técnicas para resolver problemas mediante personajes, narrativa y humor.

Desde el punto de vista del doctor Arturo Mendizábal, es muy probable que las familias en las que hay un miembro con TDA necesiten intervención psicológica, individual o de pareja, al margen de las dificultades del niño; por ejemplo, para cobrar consciencia de los problemas de pareja que pueden derivarse de las necesidades pedagógicas y emocionales de su hijo. Estos niños tienen alteraciones en muchas áreas, por lo que hay que abordarlos desde muchos puntos de vista. A veces, ello supone tener que organizar y dar prioridad, en determinado momento, a un tipo de tratamiento sobre otro, y esas prioridades han de establecerse en función de las características familiares y del niño.

Con certeza, lo que más necesitamos para saber cómo tratar a nuestro niño con el padecimiento es asesoría en las decisiones educativas de cada nueva etapa. A veces es necesario que cambie de aula; otras veces, que repita el curso, y otras más que cambie de colegio.

Los profesores también deberían recibir cierta capacitación, sobre todo para no golpear la autoestima de los niños de la forma en la que en ocasiones lo hacen.

Asimismo, los padres necesitamos información sobre los recursos sociales disponibles. Es verdad que el tratamiento de niños con TDA supone un gasto de energía y economía muy importante, pero también debemos tener información sobre asociaciones de padres, colegios, campamentos o actividades con las que el niño pueda funcionar adecuadamente; ayudas, becas escolares e información de neurólogos, psicopedagógos y psicólogos de la zona a quienes acudir.

Por todas estas razones, la necesidad de equipos multiprofesionales que aborden el problema es algo que debe tenerse muy presente, aunque no en todos los casos podamos coordinar a la perfección.

Las técnicas de conducta para manejar a un niño con TDA no pueden ser intuitivas. Por supuesto, a veces hay que recurrir al sentido común, pero yo, por ejemplo, cuido cada paso que doy con Daniel. Generalmente recurro al apoyo de otras madres que enfrentan el mismo problema, a los libros, mis aliados incondicionales, y también pido mucho apoyo al paidopsiquiatra infantil encargado de la terapia de mi hijo.

El manejo de estos niños en casa supone emprender un proceso permanente. No llega nunca el día en el que digamos "por fin lo logré, el niño está bien". Lo que es una realidad es que son agotadores. Todas las mañanas cuando lo despierto me propongo que ese día daré lo mejor de mí misma para hacer la vida de Daniel más llevadera, pero después de 20 minutos de pedirle que se levante y no obtener respuesta mis promesas se evaporan.

Guillermo y yo estamos convencidos de que es inútil y perjudicial para el chico intentar forzarle a que sea como los demás. Sin embargo, hemos logrado enseñarle a controlar y limitar su comportamiento destructivo y estamos en el camino de despertarle un sentido de autoestima que le ayudará a superar este negativismo hacia la vida, uno de los grandes peligros que comporta este trastorno.

"En casa hemos comprobado con Camila, mi hija de siete años quien padece TDA, que su autoestima se desarrolla a partir de la disciplina. Practicamos con ella la capacidad de retroceder y medir las consecuencias de una acción y controlar el acto antes de realizarlo. Ayudarla a conseguir esta autodisciplina ha requerido paciencia, afecto, energía y firmeza, pero, principalmente, que nos pongamos en el lugar de la niña y la comprendamos", reconoce Ivonne Fernández.

Gabriela Gordillo, psiquiatra infantil, afirma que la sola idea de cambiar el comportamiento de un niño obstinado, voluntarioso y con fuertes descargas de energía parece desalentadora. Al respecto, añade:

> Sin embargo, he trabajado con algunos padres que pueden tolerar una amplia gama de comportamientos, mientras otros no son capaces. Cuando diagnostico y empieza el trabajo con el paciente que padece déficit de atención recomiendo a los padres que elaboren una lista donde se dé prioridad a los comportamientos que consideran más negativos y que desean controlar, como peleas con otros niños o negarse a levantarse de la cama por la mañana.
>
> Los comportamientos menos negativos, los que se ubican al final de la lista deberían ser ignorados de momento, o incluso, restarles importancia; por ejemplo, negarse a dejar de usar ropa deportiva todas las tardes, incluso para visitar a la abuela.

Algunas conductas aparentemente raras y que no son dañinas para el niño ni para los demás, también pueden ser un indicio de intentos creativos o divertidos de adaptación a la situación; (por citar un par de casos, inventar canciones tontas o hacer dibujos violentos. Tales comportamientos deberían ser aceptados como parte particular y positiva del desarrollo del niño, aun cuando parezcan extraños a los padres.

El paidopsiquiatra Mendizábal coincide y señala que es muy importante comprender que los niños con TDA tienen mucha más dificultad para adaptarse a los cambios que los niños que no lo padecen. Los padres deben ser lo más consistentes posible en cuanto a la disciplina, la cual ha de incentivar el buen comportamiento y desanimar la conducta destructiva. Las normas deben estar bien definidas y ser lo suficientemente flexibles para tolerar alguna negociación.

Con niños pequeños ayuda mucho crear tablas con puntuaciones o estrellas que marquen el buen comportamiento o tareas cumplidas. Incluso vale la pena dar puntos cuando se presenten conductas positivas sencillas que la mayoría de las personas dan por hecho, pero que en casos de niños con TDA son realmente dignas de ser reconocidas, como responder alegremente a un cambio de planes, o remplazar una palabra obscena por una menos ofensiva.

La falta de consistencia, característica en estos niños, los hace aburrirse con facilidad de los sistemas de puntos o de reconocimientos. Por eso es importante buscar variantes.

Tampoco hay que olvidar, sugieren los especialistas, que los niños responden mejor a pequeños premios que se dan en el corto plazo que a grandes premios que se consiguen en el futuro.

La forma en que estos chicos viven la frustración es muy llamativa y diferente de como puede vivirla un niño en situación normal.

La frustración es la diferencia entre lo que somos y lo que creemos que somos.

ANÓNIMO

Daniel, por ejemplo, sufre genuinamente. Grita, avienta, llora, pero hemos avanzado mucho porque ya casi no pelea con nadie; además, trato de evitar que viva la frustración en lugares donde se pueda hacer daño, como el automóvil o el baño.

Un padre debe tener en cuenta que una respuesta desbordante forma parte del carácter de un niño con TDA y que, posiblemente, el niño no puede evitarla.

Algunos expertos proponen un programa para controlar el comportamiento, llamado *técnica de costos punitivos*, que combina los elementos del refuerzo positivo y del negativo. Se le puede resumir así: "si tu comportamiento es bueno, tendrás tu premio. Pero puedes quedártelo sólo si ese comportamiento apropiado continúa".

Los padres deberían tratar de prestar poca atención a los comportamientos ligeramente perturbadores que permiten al niño liberar energía inofensiva. De lo contrario, los padres también estarán gastando energía que requerirán cuando la conducta se vuelva destructiva, abusiva o intencionada.

En estos casos, el niño debe ser disciplinado o detenido de inmediato; de otra manera, aprenderá a manipular las circunstancias.

Manejo en la escuela

Cuando los padres tienen éxito en el manejo del niño en casa, a menudo se presentan dificultades en la escuela. Aunque los maestros pueden dar por hecho que habrá un niño con déficit de atención en cada salón de clase, existen pocos programas de formación que les preparen para manejar a estos pequeños.

El niño con TDA suele ser exigente, ruidoso y a menudo olvida los deberes. Su falta de control motor fino le dificulta la tarea de tomar notas. La memorización y el cálculo matemático, que requieren el seguimiento de pasos en orden preciso, también suelen resultarle difíciles. Muchos de los niños con TDA responden bien a las tareas escolares que son rápidas, intensas, originales o de corta duración

> Ya que el tratamiento del TDA supone un gasto de energía y economía muy importante, debemos tener información sobre asociaciones de padres, colegios, campamentos o actividades con las que el niño pueda funcionar adecuadamente

(como los concursos de deletreo de palabras o juegos competitivos), pero casi siempre tienen problemas con proyectos de larga duración en los que no hay quien los supervise de forma directa.

Elsa Beneitez, psicopedagoga de una escuela y con mucha experiencia en el trato de niños con TDA, afirma que:

La prioridad para los padres de familia debe ser desarrollar una relación positiva —y no de enfrentamiento— con el maestro del niño, y reconocer el hecho de que éste debe manejar el comportamiento del pequeño sin desatender las necesidades del resto de sus alumnos.

También plantea que las conversaciones frecuentes y de comprensión mutua con el maestro pueden ayudar y llevar a esfuerzos coordinados, en especial si éstas proporcionan un intercambio de información sobre el progreso o retroceso del chico.

Otra acción que ayuda es que el niño se siente en las primeras filas del salón de clase, así como la participación de un tutor después de la escuela.

En cualquier proceso educativo debe haber una integración sana y feliz del niño con TDA y sus compañeros de clase.

¿Y la familia?

Durante mucho tiempo, mi esposo y yo pensábamos que Lucía no se daba cuenta ni sentía nada respecto a la deficiencia de su hermano Daniel. Pero las apariencias engañan. Una mañana, mientras preparaba el desayuno entró a la cocina y me preguntó llorando: "mamá, ¿tú sabes por qué papá no me quiere?". Me quedé helada con la pregunta y le dije que estaba equivocada y que ella era los ojos de su padre. Entonces continuó: "¿por qué papá no me hace caso? Sólo le importa Daniel; si Daniel hace algo bueno o malo, papá le presta toda su atención, y yo, que siempre me porto bien, nunca me lo reconoce".

Ese día me percaté de que la niña también necesitaba terapia. Cargaba en su espalda un costal enorme llamado *Daniel*. Es una niña muy maternal y me parece que muchas veces quiso representar el papel de protectora en la escuela. Por eso celebro que Daniel y ella asistan a escuelas distintas y que Lucía se sienta lo suficientemente niña de nueve años —y no una miniadulta— como para pelear con su hermano, como lo hacen todos los hermanos.

"La diferencia de opiniones entre mi esposo y yo acerca de la forma en cómo tratar a Enrique, mi hijo de 12 años y con TDA, es la principal causa de tensión en la relación y el matrimonio", expone Ana del Carmen Cordero, quien también señaló que el psicólogo que atiende a su hijo les recomendó que si son incapaces de solucionar esta diferencia por sí solos consulten a un experto.

Los padres se necesitan mutuamente y no se pueden arriesgar a quedarse sin el apoyo mutuo debido a esta tensión", les dijo.

De acuerdo con la bibliografía escrita por algunos especialistas:

Las dificultades entre los padres pueden afectar a los demás hijos. A veces a ellos no se les informa acerca del problema del hermano ni de los motivos de la preocupación paterna. Y los chicos, sin conocer los hechos, pueden imaginarse situaciones y pensar: "¿es culpa mía? ¿Me pasará a mí también? ¿Morirá?".

Algunos pueden enfadarse por no ser tratados equitativamente: "¿por qué tengo que tender mi cama y él no? ¿Por qué a él se le perdona una acción y cuando yo la realizo me castigan?" Otros pueden sentirse culpables.

Se les ha dicho que deben ser más comprensivos y aceptar la situación, pero aún así se enojan ante la conducta del hermano o por la atención que él o ella recibe.

Si la familia no puede manejar estos problemas por medio del trabajo conjunto y en un ambiente de comunicación abierta y directa debe consultar a un experto.

En general, las madres llevan la peor parte del abuso físico y emocional que los chicos con TDA causan, lo cual es irónico porque los niños tienden a querer a la madre intensamente y se sienten seguros con ella. Ella debe protegerse a sí misma y al niño mediante reglas firmes pero con afecto, que indiquen dónde termina su espacio y dónde empieza el del niño. Es probable que tenga que olvidarse de tener una casa inmaculada y la cena caliente cada noche.

Una ventaja de tener un niño con TDA en la familia es que los padres aprenden que no son perfectos ni tienen que serlo. De hecho, esforzarse por ser perfecto es uno de los objetivos más contraproducentes que se debe perseguir cuando se cría a cualquier niño, ya sea con déficit de atención o no. El niño con el trastorno puede ser maravilloso un día y terrible el siguiente, y puede herir la sensibilidad de los padres, tanto como lo puede hacer un adulto.

Los padres deben enfrentarse al disgusto y desaprobación de otros adultos y ver que su hijo es rechazado. En esta situación es fácil caer en un agujero negro emocional y sentirse solo e impotente.

Con frecuencia los matrimonios llegan a situaciones de estrés cercanas a la ruptura. Los hermanos de los niños con TDA también sufren dificultades; algunos estudios, realizados en Estados Unidos principalmente, muestran que se colocan en situación de riesgo de sufrir afectación psicológica incluida la depresión, el uso abusivo de drogas y los trastornos del lenguaje. Muchas veces son víctimas del comportamiento del hermano o hermana con el trastorno, el cual suele ser fuerte, demandante e intimidante; además, estos chicos reciben atención positiva de los padres en respuesta a comportamientos que son ignorados o castigados en sus hermanos, y se pueden sentir alienados.

El hermano que no recibe atención suficiente puede empezar a imitar las conductas no deseadas y actuar de forma negativa en otros aspectos. Es imperativo hacer que los hermanos se sientan igual de importantes en el funcionamiento familiar, y su valor en la familia no debe ser el de seguir el cuidado de su hermano con déficit de atención.

A pesar de todas las investigaciones y las afirmaciones hechas respecto a los niños con TDA, como padres debemos reconocer que estos niños suelen ser amorosos, creativos, ingeniosos y muy simpáticos. Esto quizá compensa sus problemas de relación con el ambiente que les rodea.

El diagnóstico para ellos es generalmente optimista, sobre todo si la familia y la escuela han conjuntado esfuerzos para fortalecer su autoestima y para hacerles sentir que el mundo es amable con ellos, sin importar que sean diferentes.

Si los niños logran desarrollar su autoestima y respeto por ellos mismos, tendrán mayores posibilidades de que todo su potencial florezca, lo mismo que su capacidad para adaptarse y su habilidad para apreciar y respetar a los demás.

Los niños con TDA, igual que todos los demás, necesitan ser queridos, respetados e incluso aplaudidos por lo que son, no por lo que hacen. Requieren tener la seguridad de que sus diferencias con el resto de los niños no los privarán jamás del amor de sus padres y del respeto del mundo al que pertenecen.

Preguntas

No es una tarea simple educar a un hijo con TDA; sin embargo, por su sano desarrollo y la unidad y estabilidad de la familia es indispensable no sólo reconocer sus diferencias, sino también cobrar consciencia de las necesidades especiales que tienen. Hagamos consciencia:

1. ¿Cómo ayudo a mi hijo para que sea más tolerante?
2. ¿Le decimos con frecuencia que lo amamos y le mostramos nuestro cariño físicamente?
3. ¿Hemos hablado claramente con el niño sobre su padecimiento y él ha comprendido que es distinto de los demás chicos?
4. ¿De qué forma ayudamos al chico a organizar su vida emocional, social y escolar?
5. ¿Me producen ansiedad y depresión las conductas de mi hijo?
6. ¿Hemos trabajado dentro de la familia de manera acorde con las necesidades del chico?

Algunas modificaciones ambientales que ayudarán a organizarse al niño con TDA

1. Proporcionar tanta estructura y organización como sea posible. Establecer algunas reglas, rutinas y horarios.

2. Planear junto con el niño tiempos matutinos. "Dentro de este horario desayunas", "tienes ciertos minutos para lavarte los dientes", etc... Si es necesario, poner un cronómetro o un reloj que suene cada vez que se le acabe el tiempo de alguna actividad. Evitar las carreras y los gritos matutinos.

3. El niño necesita saber qué comportamientos son aceptables y cuáles no. También debe conocer las consecuencias positivas y negativas de ambos.

4. Ayudar al niño a organizar su cuarto y crearle sentido del orden.

5. Establecer un lugar determinado para que haga la tarea. Procurar que no sea cerca de los hermanos para evitar que se distraigan mutuamente.

6. Diseñar el espacio de trabajo con fácil acceso a los suministros y material necesarios.

7. Proporcionar cajas, cajones y anaqueles bien etiquetados de forma que el niño sepa en dónde encontrar sus cosas.

8. Utilizar colores estratégicamente para organizar las actividades del niño.

9. Colocar calendarios e implementar horarios.

Éste es un cuadro que a muchas mamás de niños con déficit nos ha ayudado a que el pequeño aprenda a organizar su rutina diaria. Como experimento de responsabilidad el niño deberá ser quien marque los recuadros de actividades que ya ha cumplido.

Actividad	Lunes	Martes	Miércoles	Jueves	Viernes	Sábado	Domingo	Puntos
Levantarme a tiempo								
Estar listo a tiempo para ir a la escuela								
Poner la mochila en su lugar								
Quitarme y poner el uniforme en su lugar								
Lavarme las manos antes de comer								
Hacer la tarea								
Dejar la mochila lista								
Bañarme a tiempo								
Irme a dormir a las 9 pm								

El sistema de puntos es del 1 al 3. Si durante la semana el niño se esforzó por alcanzar un buen promedio se le otorgará algún privilegio. Éste dependerá del estilo de la familia y de los intereses del chico.

El maestro del niño puede organizar un cuadro similar pero con las actividades escolares. Funciona muy bien.

Asimismo, los padres pueden ir añadiendo conductas o comportamientos. En lo personal, me sirvió hacer este cuadro en una cartulina grande y marcarlo con plumones de colores muy llamativos.

Los tres grupos de reglas básicas para el niño con déficit de atención

Grupo A: Las reglas que nunca deben romperse
▶ Ser siempre honesto con papá y mamá.
▶ No lastimar a nadie.
▶ Nunca actuar de manera que te puedas lastimar a ti mismo o a los demás.
▶ No tomar nada que no sea tuyo ni destruir los objetos de alguien más.

Grupo B: Las reglas que son muy importantes
▶ Siempre avisar en dónde estás.
▶ Hacer la tarea a tiempo y adecuadamente.
▶ Cuando sientas que no hay acuerdo entre tus padres y tú, nunca debes levantar la voz.
▶ Compartir los deberes del hogar con los demás miembros de la familia.
▶ Respetar a los demás.
▶ Mantener el ambiente de la casa en calma.

Grupo C: Las reglas de la vida diaria
▶ Tener en orden la mochila y el espacio en donde hago la tarea.
▶ Seguir los horarios familiares. Si me llaman a comer, en ese momento me siento a la mesa.
▶ Preparar con anticipación los materiales escolares.
▶ Hacer mis deberes del hogar.
▶ No molestar a los demás.
▶ Respetar el salón de clase.

Bibliografía

Alexander-Roberts, Collen, *The ADHA Parenting Handbook*. Taylor Publishing Company, USA, 1994.

Bauermeister, José, *Estrategias de apoyo para los niños con trastorno de déficit de atención en el hogar y en el ámbito escolar*, publicado por la Fundación DAHNA, México, enero de 2002.

Bronfman, Zalman, J., *Guía para padres*. Ediciones Yuca, Buenos Aires, 1995.

Galindo, Gariela y Molina, Villa, *Trastorno por déficit de atención y conducta disruptiva*. Editado por Central Reivindicatoria de Acción Social, 1a. ed., México, 1996.

Hallowell, Edward M. y Ratey, John J., *50 recomendaciones para el manejo de los trastornos de atención en el salón de clases*, www.sinapsis.org.

Miller, Alice, *El drama del niño dotado*. Editorial Tusquet, 1a. ed. rev., España, 1998.

Rief, Sandra, *The ADD/ADHD check list. An easy reference for parents & teachers*. Prentice Hall, Simon & Schuster Company, USA.

Warren, Paul, *You & your ADD child*, Thomas Nelson Inc., USA, 1995.